LINDER BIOLOGIE

Baden-Württemberg

1 herausgegeben von
Wolfgang Jungbauer

Lösungen

Schroedel

Linder Biologie 1 Baden-Württemberg
Lösungen

Herausgeber
Dr. Wolfgang Jungbauer, Gunzenhausen

© 2011 Bildungshaus Schulbuchverlage
Westermann Schroedel Diesterweg
Schöningh Winklers GmbH, Braunschweig
www.schroedel.de

Das Werk und seine Teile sind urheberrechtlich geschützt. Jede Nutzung in anderen als den gesetzlich zugelassenen Fällen bedarf der vorherigen schriftlichen Einwilligung des Verlages.
Hinweis zu § 52 a UrhG: Weder das Werk noch seine Teile dürfen ohne eine solche Einwilligung gescannt und in ein Netzwerk eingestellt werden. Dies gilt auch für Intranets von Schulen und sonstigen Bildungseinrichtungen.
Auf verschiedenen Seiten dieses Buches befinden sich Verweise (Links) auf Internet-Adressen. Haftungshinweis: Trotz sorgfältiger inhaltlicher Kontrolle wird die Haftung für die Inhalte der externen Seiten ausgeschlossen. Für den Inhalt dieser externen Seiten sind ausschließlich deren Betreiber verantwortlich. Sollten Sie bei dem angegebenen Inhalt des Anbieters dieser Seite auf kostenpflichtige, illegale oder anstößige Inhalte treffen, so bedauern wir dies ausdrücklich und bitten Sie, uns umgehend per E-Mail davon in Kenntnis zu setzen, damit beim Nachdruck der Verweis gelöscht wird.

Druck A¹/ Jahr 2011
Alle Drucke der Serie A sind im Unterricht parallel verwendbar.

Redaktion
Marcel Tiffert
Illustrationen
Liselotte Lüddecke, Karin Mall, Tom Menzel
Einbandgestaltung
Janssen Kahlert Design & Kommunikation GmbH
Typografie und Satz
IPS Ira Petersohn, Ellerbek
Druck und Bindung
pva, Druck und Medien-Dienstleistungen GmbH, Landau

ISBN 978-3-507-86723-9

Bildquellen
Cover (Graugans): Vario Images, Bonn; Cover (Teich): TopicMedia Service, Ottobrunn (Wegner); 6.1: Konopka; 6.2: Okapia, Frankfurt/M. (Labat-Lanceau/Cogis); 7.1: Reinhard-Tierfoto, Heiligkreuzsteinach; 7.2: Joachim Dobers, Walsrode/Krelingen; 7.3: Okapia, Frankfurt/M. (Nigel Cattlin/Holt Studios); 13.1A: F1online, Frankfurt/M. (Alaskastock RM); 13.1B: Bildagentur Geduldig, Maulbronn; 13.1C: mauritius images, Mittenwald (Fritz); 13.1D: mauritius images, Mittenwald (Nill); 13.1F: Picture-Alliance, Frankfurt/M. (dpa); 21.1: ullstein – Archiv Gerstenberg, Berlin; 21.2: akg-images / Bildarchiv Steffens, Berlin; 36.1: wikipedia.org (Nobu Tamura/ArthurWeasley); 36.2: Astrofoto; 44.1: Tierbildarchiv Angermayer, Holzkirchen (Pfletzinger); 44.2: Hippocampus Bildarchiv, Seeheim-Jugenheim; 44.3: F1online, Frankfurt/M. (Stuart Westmorland/AGE); 45.1: Okapia, Frankfurt (Friedrich Saurer); 45.2: Heidi & Hans-Jürgen Koch, Freiburg; 57.1: Picture-Alliance GmbH, Frankfurt/M. (dpa); 57.2: Forschungsinstitut und Naturmuseum Senckenberg, Wilhelmshaven; 57.3: Corbis, Düsseldorf (Naturfoto Honal); 62.1: Catprint Media GmbH; 68.1: Zoonar.com, Hamburg; 68.2: die bildstelle, Hamburg (LEHTIKUVA OY); 68.3: Biosphoto, Berlin (Jeffrey Rotman); 68.4: Juniors Bildarchiv, Ruhpolding; 69.1: OKAPIA KG Michael Grzimek & Co., Frankfurt/M. (Jef Meul/SAVE); 69.3: Corbis, Düsseldorf (Frank Krahmer); 69.4: Okapia KG, Frankfurt/M. (Karl Gottfried Vock); 86.1: Dr.E.Philipp, Berlin; 86.2: Picture-Alliance, Frankfurt (ZB); 86.3: Picture-Alliance, Frankfurt (dpa); 87.2; 88.1: Minkus Images, Isernhagen; 88.2: Okapia, Frankfurt (Lenz); 88.3: alimdi.net, Deisenhofen (Silwen Randebrock); 88.4: Arco Images GmbH, Lünen (Huetter); 99.1: i.m.a - Information.Medien.Agrar e.V., Berlin; 99.2: Picture-Alliance GmbH, Frankfurt/M. (ZB/Jens Büttner); 99.3: Wildlife, Hamburg (D. Harms); 99.4: Uwe Anders, Destedt; 91.1: Dr. Phillip, Berlin;

Es war nicht in allen Fällen möglich, die Inhaber der Rechte ausfindig zu machen und um Abdruckgenehmigung zu bitten. Berechtigte Ansprüche werden selbstverständlich im Rahmen der üblichen Konditionen abgegolten.

Inhalt

Grundlagen der Biologie 6

1. Biologie – eine Naturwissenschaft 8
2. Kennzeichen von Lebewesen 8
3. Lebewesen unter die Lupe genommen 9
4. Biologische Prinzipien erleichtern das Naturverständnis: Struktur und Funktion – Angepasstheit 11

Wissen vernetzt
Grundlagen der Biologie 11

Säugetiere in ihren Lebensräumen 12

1. Hunde – älteste Haustiere des Menschen 14
2. Katzen 16
3. Das Rind 21
4. Pferde – Nutztiere im Wandel 23
5. Das Schwein – ein Allesfresser 24
6. Artgerechte Tierhaltung 25
7. Wildlebende Säugetiere sind an ihre Lebensräume angepasst 29
8. Viele Tierarten sind bedroht 31
9. Säugetiere lassen sich ordnen 33

Wissen vernetzt
Säugetiere in ihren Lebensräumen 33

Vögel in ihren Lebensräumen 36

1. Vögel – an das Fliegen angepasst 38
2. Vögel mit besonderen Angepasstheiten 38
3. Das Haushuhn 41
4. Verhaltensweisen von Amseln 42
5. Viele Vögel sind gefährdet 42

Wissen vernetzt
Vögel in ihren Lebensräumen 43

Fische, Lurche, Kriechtiere in ihren Lebensräumen 44

1. Fische leben im Wasser 46
2. Lurche – Leben im Wasser und an Land 49
3. Reptilien sind an viele Lebensräume angepasst 51

Wissen vernetzt
Fische, Lurche, Kriechtiere in ihren Lebensräumen 53

Verwandschaft bei Wirbeltieren 56

1. Wirbeltiere im Vergleich 58
2. Fossilien und Erdgeschichte 58
3. Vom Wasser ans Land 58
4. Saurier – Kriechtiere vergangener Zeiten 59
5. Stammesgeschichtliche Verwandtschaft 59

Wissen vernetzt
Verwandtschaft bei Wirbeltieren 59

Fortpflanzung und Entwicklung des Menschen 62

1. Der Mensch – ein Säugetier 64
2. Auf dem Weg zum Erwachsenwerden 64
3. Bau und Funktion der Geschlechtsmerkmale 64
4. Ein Kind entsteht 65
5. Die Entwicklung des Kindes 66
6. Familienplanung und Empfängnisverhütung 66
7. Sexueller Missbrauch – mein Körper gehört mir 66

Wissen vernetzt
Fortpflanzung und Entwicklung des Menschen 67

Wirbellose Tiere in ihren Lebensräumen 68

1. Wirbellose Tiere kommen in einer großen Vielfalt vor 70
2. Insekten bilden die artenreichste Tiergruppe 70
3. In Gemeinschaften lebende Insekten 74
4. Die Vielfalt von Insekten 77
5. Insekten und Wirbeltiere im Vergleich 77
6. Krebstiere 77
7. Spinnentiere 79
8. Weichtiere 81
9. Regenwürmer sind Bodenbewohner 82

Wissen vernetzt
Wirbellose Tiere in ihren Lebensräumen 84

Blütenpflanzen – Bau und Funktion 86

1. Aufbau von Blütenpflanzen 89
2. Fortpflanzung und Entwicklung von Blütenpflanzen 92

Wissen vernetzt
Blütenpflanzen – Bau und Funktion 96

Vielfalt der Blütenpflanzen 98

1 **Blütenpflanzen können geordnet werden** 100

2 **Manche Pflanzen werden vom Menschen genutzt** 102

3 **Pflanzen im Wechsel der Jahreszeiten** 105

4 **Gefährdung und Schutz von Pflanzen** 106

Wissen vernetzt
Vielfalt der Blütenpflanzen 106

Wir wenden die Biologischen Prinzipien auf Säugetiere an 59

Grundlagen der Biologie

Wie sahen Dinosaurier wirklich aus?
Die wichtigsten Erkenntnisse hat man aufgrund von Fossilien zusammengetragen. Dies sind zum Beispiel Versteinerungen von Saurierskeletten. Die Größe eines Dinosauriers ist deshalb leicht zu messen. Die Farbe kann nur vermutet werden, wobei Vergleiche mit heute lebenden Kriechtieren nur wenig weiterhelfen. Alle Kenntnisse über Dinosaurier sind naturwissenschaftlicher Art. Die Biologie fragt nach den Lebensformen, z. B. ihrem Aussehen, ihrer Ernährung, ihrer Fortpflanzung, ihrer Entwicklung. Die Chemie untersucht die Entstehung von Versteinerungen. Die Geologie erforscht das Alter der Fossilien. Die Geografie macht Aussagen über die Verbreitung der Dinosaurier aufgrund der Lageveränderung der Kontinente. Die Astronomie liefert einen Beitrag über das Aussterben der Dinosaurier als Folge eines Meteoreinschlags. Weitere Fragen wären z. B.: Wovon ernährten sich Dinosaurier? Wie schnell konnten sie sich vorwärts bewegen? Wie pflanzten sich Dinosaurier fort? Auf welchen der damaligen Kontinente lebten Dinosaurier? Hatten Dinosaurier Feinde? Wie sind die Dinosaurier ausgestorben?

Drei süße Kerle
Gemeinsamkeiten: Farbe, Fell, Körperbau, Sitzhaltung, Hecheln (Zunge hängt heraus).
Unterschiede: Größe, Kopfform, Stellung der Ohren, Länge der Schnauze.
Es handelt sich um unterschiedliche Hunderassen (Husky, Westie, Retriever), die jedoch zur gleichen Art »Hund« gehören.

Hausmaus und Spielzeugmaus
Gemeinsamkeiten: Gestalt, Farbe, Bewegung
Unterschiede:

Hausmaus	Spielzeugmaus
schnelle, ruckartige Bewegung	gleichförmige Bewegung
unterschiedliche Geschwindigkeit	Wenn die Antriebswirkung nachlässt, wird die Bewegung stetig langsamer und kommt zum Stillstand
Unterbrechung der Bewegung, um zu schnuppern (Reizbarkeit)	keine Reaktion auf Reize erkennbar, keine Reizbarkeit
Nahrungsaufnahme und Ausscheidung (Stoffwechsel)	keine Nahrungsaufnahme, keine Ausscheidung
Wachstum und Entwicklung	kein Wachstum, keine Entwicklung
Fortpflanzung	keine Fortpflanzung

[Bezug auf Lehrbuch Seite 14 und 15]

Sind Brieftauben Flugkörper?
In der Beschreibung sind folgende Kennzeichen von Lebewesen zu finden:
- Fortpflanzung (»selbstreproduzierend«)
- Eigenständige Bewegung (»Kleinflugkörper«)
- Reizaufnahme und Reaktion (»Rückkehr aus beliebigen Richtungen und Distanzen«)
- Stoffwechsel (»auf biologischer Basis«)

[Bezug auf Lehrbuch Seite 14 und 15]

Die Pusteblume – nah betrachtet
Die weißen »Fallschirmchen« des Löwenzahns können weggepustet werden. Der Schirm besteht aus einem weißen Haarkranz. An einem dünnen Faden hängt ein brauner Samen. Durch einen Windstoß können diese »Fallschirmchen« davongetragen werden und so zur Samenverbreitung dienen.
[Bezug auf Lehrbuch Seite 18 und Grundwissen]

Wachstum von Kressepflanzen
Die Kressepflanzen wenden sich zum Licht hin. Werden sie im Dunkeln gehalten, wachsen sie senkrecht nach oben. Kressepflanzen reagieren also auf Licht und Schwerkraft, wobei das Licht einen stärkeren Einfluss hat.
Die Kressesamen müssen feucht gehalten werden. Also ist für die Entwicklung Wasser notwendig.

Weitere notwendige Bedingungen könnten sein: Wärme, Luft, Erde. Man könnte zum Beispiel einen Blumentopf mit Kressesamen in den Kühlschrank oder in einen luftdichten Kunststoffbeutel stellen oder die Kressesamen auf ein feuchtes Fließpapier legen.
Die Kressepflanzen zeigen alle Kennzeichen von Lebewesen: Reizbarkeit, Bewegung, Wachstum, Stoffwechsel, Entwicklung, Fortpflanzung und Körpergestalt.
[Bezug auf Lehrbuch Seite 10 und 11]

1 Biologie – eine Naturwissenschaft

Seite 11

1 Führe den Versuch aus Abbildung 3 in einer Gruppe selbst durch und dokumentiere ihn in deinem Arbeitsheft.

Die Kresse wächst in allen Röhrchen entgegen der Schwerkraft nach »oben«. Bei dem Versuch ist darauf zu achten, dass der Lichteinfall von oben erfolgt, da die Kresse sich im Wachstum auch nach dem Licht orientiert und ein seitlicher Lichteinfall den Versuch verfälschen könnte.

Seite 13

1 Erarbeitet in der Klasse verbindliche Regeln für das Nachholen von versäumten Unterrichtsinhalten.

Diese oder ähnliche verbindliche Regeln können zusammengetragen werden:
- Durch Krankheit versäumte Stundeninhalte müssen eigenständig nachgeholt und die Aufzeichnungen im Hefter nachgetragen werden. Dazu sollten die Schülerinnen und Schüler in der Klasse festlegen, wer für sie im Krankheitsfall die ausgeteilten Arbeitsblätter oder andere Materialien sammelt.
- Jeder muss auf die Vollständigkeit der Aufzeichnungen selbst achten. Gegebenenfalls kann beim Lehrer nachgefragt werden.
- Versäumter Unterricht gilt nicht als Entschuldigung für Wissenslücken bei Klassenarbeiten.

An dieser Stelle muss auch festgelegt werden, wann der Hefter eingesammelt und wie sie bewertet werden soll.

2 Kennzeichen von Lebewesen

Seite 15

1 Schreibe die Kennzeichen von Lebewesen in deine Mappe und nenne zu jedem zwei Beispiele.

Zu den Kennzeichen des Lebens sind aus dem Text des Buches folgende Beispielsnennungen möglich:

Reizaufnahme und Reaktion: Wahrnehmung und Fangen einer Beute bei Chamäleon oder Katze; Wahrnehmung eines Feindes und Flucht bei der Maus; das Drehen der jungen Sonnenblumen zum Licht; Wachstum von Pflanzen entgegen der Schwerkraft.

Eigenständige Bewegung: Beutefang bei Chamäleon oder Katze; Flucht der Maus; springender Lachs.

Stoffwechsel: Pflanzen nehmen Wasser und Mineralstoffe aus dem Boden auf, transportieren sie in die Zellen und verarbeiten sie dort; Pflanzen bilden mit Hilfe des Sonnenlichtes Stärke; Pflanzen bilden Sauerstoff und geben ihn ab; Menschen und Tiere atmen den Sauerstoff ein und nehmen mit ihrer Nahrung Stoffe auf, die im Körper verarbeitet und umgewandelt werden; Ausscheidung von nicht verwertbaren Stoffen.

Fortpflanzung: Bildung von Ablegern (Erdbeere), von Zwiebeln (Tulpe) oder von Knollen (Kartoffel); Befruchtung einer Eizelle.

Wachstum und Entwicklung: Hühnerküken wachsen im Ei heran und entwickeln sich nach dem Schlüpfen zum geschlechtsreifen Tier.

Alle Lebewesen bestehen aus Zellen: Hühnerei; Zellen des Moosblättchens; Bakterien.

Körpergestalt: Hunde, Katzen, Tulpen, Rosen oder Fetzenfische und ihre Folgegeneration haben immer die gleiche Gestalt, an der man sie erkennen kann.

Seite 16

1 Betrachte das Blatt einer Venusfliegenfalle und fertige eine beschriftete Zeichnung an.

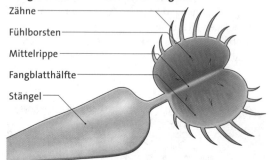

2 Beobachte und beschreibe, wie die Venusfliegenfalle ein Insekt fängt.

[Für den Versuch können lebende Ameisen, Fliegen, oder Mücken verwendet werden.]

Berührt ein lebendes Insekt beim Herumlaufen auf dem Fangblatt kurz hintereinander dieselbe Fühlborste oder zwei benachbarte der drei Fühlborsten, so klappen die beiden Fangblatthälften zusammen. Dabei greifen die Zähne ineinander und schließen das gefangene Insekt ein. Je mehr es sich wehrt und bewegt, desto stärker pressen sich die Fangblatthälften zusammen. Zu Beginn des Fangvorgangs bleiben noch kleine Lücken zwischen den Zähnen frei, die sich später ganz schließen. Nach etwa drei Tagen öffnet sich die Falle wieder. Von dem Insekt sind nur die Reste des unverdaulichen Chitinpanzers übrig geblieben. Nach einigen Tagen sind die Fühlhaare wieder sensibel und das Fangblatt ist wieder funktionsfähig.

Seite 17

1 Führe den dargestellten Versuch mit Birkenblättern durch und fertige ein Versuchsprotokoll an.
[Der Versuchsansatz geht für die Schülerinnen und Schüler aus dem Versuchsprotokoll hervor.]

Versuchsprotokoll	Datum

Frage: Wie verrottet Birkenlaub am schnellsten?

Hypothese: Bodenlebewesen lassen Laub schneller verrotten, weil sie sich vom Laub ernähren

Versuch: Kompostierung von Birkenblättern

Material: Zwei Bechergläser (1000 ml), Teelöffel, Birkenblätter, Asseln, Regenwürmer, Erde, Feinstrumpfhose, Gummibänder.

Versuchsdurchführung: In zwei Bechergläsern wird je ein Versuchsansatz hergestellt:

Becherglas 1	Becherglas 2
Birkenblätter	Birkenblätter
+ Erde	+ Erde
	+ Asseln und Regenwürmer

Nach dem Befüllen der Bechergläser wird die Öffnung mit einem Stück der Feinstrumpfhose und einem Gummiband so verschlossen, dass keine Tiere entweichen können. Die Versuchsansätze müssen stets feucht, aber nicht nass gehalten werden.

Beobachtung nach 7 Tagen:
1) Die Blätter sind fleckig-dunkel; Erde und Laub schimmeln leicht.
2) Die Blätter sind fleckig und angefressen; im Becherglas befinden sich Kotkrümel.

Beobachtung nach 14 Tagen:
1) Erde und Laub schimmeln kräftig; das Laub ist dunkel und matschig.
2) Die Blätter sind matschig-dunkel und stark angefressen; starke Kotbildung, leichte Humusbildung, geringe Schimmelbildung.

Auswertung:
Mit Erde allein dauert der Kompostiervorgang länger als mit Bodenlebewesen. Die Birkenblätter verrotten schneller, wenn sie von den Asseln und Würmern gefressen werden. Die Hypothese war also richtig.

3 Lebewesen unter die Lupe genommen

Seite 18

1 Betrachte Sand, Laubblätter, Blüten, tote Insekten oder ähnliche Dinge mit der Lupe oder Stereolupe und zeichne sie.
Individuelle Lösung

Seite 19

A1 Die Reaktion eines Mimosenblattes
a) Beschreibe mit Hilfe der Abbildungen A–C die Reaktion eines Mimosenblattes auf die Berührung mit dem Finger.
Wenn man mit dem Finger an den Fiederblättchen einer Mimose entlang streicht, reagiert sie sofort: Die gefiederten Blättchen klappen zunächst einzeln, dann paarweise zusammen. Das Zusammenklappen beginnt an der Berührungsstelle und setzt sich dann entlang des Blattstiels fort. Bei einer starken Berührung senken sich auch die Blattstiele nach unten. Erst wenn die Pflanze nicht mehr gereizt wird, hebt sich nach 20 bis 30 Minuten der Blattstiel langsam wieder und die Fiederblättchen breiten sich allmählich auseinander.

b) Erläutere den Ausspruch.
Eine Mimose ist sehr empfindlich für einen Berührungsreiz und reagiert sehr stark. Mit dem Satz »Nun sei doch nicht so empfindlich wie eine Mimose!« möchte man ausdrücken, dass jemand sehr stark auf einen Anlass reagiert, der anderen eher geringfügig zu sein scheint, für die Person aber von großer Bedeutung ist. Die heftige Reaktion empfinden andere daher als übertrieben, da sie diese Hintergründe nicht kennen.
[Für das Zusammenklappen der Blätter ist kein starker Reiz nötig. Diese Reaktion kann bereits durch starken Wind ausgelöst werden, was die Funktion dieser Reaktion erklärt: Sind die Blätter zusammengeklappt, wird die Wärme- und Wasserabgabe der Pflanze reduziert. Außerdem wirken die zusammengeklappten Blätter auf Fressfeinde nicht so attraktiv wie vollständig ausgebreitete Blätter.]

c) Erkläre, welche Kennzeichen von Lebewesen die Mimose erkennen lässt.
Die Mimose zeigt das Kennzeichen Reizaufnahme und Reaktion. Sie reagiert auf den Berührungsreiz. Durch das Zusammenklappen trocknen die Blättchen bei Wind weniger schnell aus und werden seltener von Tieren gefressen.

V2 Versuche mit einer Gehäuseschnecke

a) Betrachte das Tier und fertige eine beschriftete Skizze an.

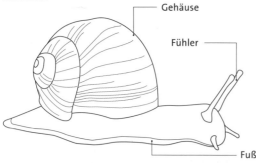

b) Beobachte und beschreibe das Kriechverhalten der Schnecke.

Die Schnecke streckt ihre Fühler aus. Dann kriecht sie mit wellenartigen Bewegungen ihrer Fußsohle vorwärts. Dabei sondert sie während des Kriechens unter ihrem Fuß Schleim ab. Auf diesem Schleimband gleitet sie und hinterlässt eine Schleimspur.

c) Berühre mit einem Stöckchen die Fühler der Schnecke. Erläutere die Bedeutung der dann folgenden Reaktion unter natürlichen Bedingungen.

Berührt man mit einem Stöckchen ganz vorsichtig die Fühler der Schnecke, so zieht sie sofort die Fühler ein, streckt sie aber gleich wieder aus. Berührt man die Fühler erneut und etwas kräftiger, so werden nicht nur die Fühler sofort eingezogen. Auch der Körper und der Fuß werden in das Schneckenhaus zurückgezogen.

Erst nach einer Weile kommt die Schnecke langsam aus ihrem Haus heraus und setzt ihren Weg fort.

Die natürliche Bedeutung dieser Reaktion: Die Schnecke reagiert auf den Berührungsreiz, der ein Hindernis oder eine Gefahr anzeigt. Mit den Fühlern ertastet sie den Weg und kriecht um erfühlte Hindernisse herum. Eine starke Berührung bedeutet für das Weichtier höchste Verletzungsgefahr. Daher zieht sie sich in ihr Schneckenhaus zurück.

A3 Untersuchung einer Küchenzwiebel

a) Notiere deine Beobachtungen und fertige ein Versuchsprotokoll an. Dieses sollte den Versuchsaufbau, die Durchführung, die Ergebnisse und mögliche Schlussfolgerungen enthalten.

Versuchsprotokoll entsprechend der Methode »Experimentieren und Protokollieren« auf Seite 17 des Schülerbuchs

b) Beschreibe und skizziere den Aufbau einer Küchenzwiebel.

Bei einer Zwiebel sitzen fleischig verdickte Blätter an einer stark verkürzten Sprossachse. Dadurch liegen die Blätter in Schichten dicht aneinander. Sie umschließen die Wachstumszone des Sprosses sowie die jungen, kleinen Blätter im Innern der Zwiebel. In den Blattachseln der untersten Schuppenblätter sind oft eine kleine Ersatzzwiebel und eine Brutzwiebel zu erkennen. Die äußersten Blätter bilden die Zwiebelschale. Sie ist braun gefärbt. Von dem Zwiebelboden gehen zahlreiche kleine Würzelchen aus.

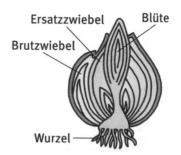

c) Zupfe mit der Pinzette eine Zwiebelhälfte auseinander. Formuliere begründete Vermutungen, zu den Aufgaben, die die einzelnen Teile der Küchezwiebel haben. Beziehe dich dabei auch auf das Ergebnis des ersten Versuchsansatzes.

Mithilfe von Zwiebeln überdauern manche Pflanzenarten lebensungünstige Jahreszeiten wie zum Beispiel den Winter (Tulpe, Krokus, Schneeglöckchen) oder Trockenzeiten (Küchenzwiebel am natürlichen Standort, nämlich Steppengebiete im Mittelmeerraum).

Aus einer Zwiebel wachsen in kurzer Zeit Sprossachse, Laubblätter und Blüte der Pflanze hervor. Die fleischigen Schuppenblätter enthalten gespeicherte Nährstoffe. Die Wurzeln nehmen Wasser aus dem Boden auf. Die grünen Blätter bilden neue Nährstoffe, die zum Aufbau der Ersatzzwiebel dienen, die den Nährstoffvorrat für das nächste Jahr speichert. Die Brutzwiebeln dienen der Vermehrung der Pflanze. Die trockene Zwiebelschale schützt die Zwiebel im feuchten Boden.

4 Biologische Prinzipien erleichtern das Naturverständnis: Struktur und Funktion – Angepasstheit

Seite 21

1 Stelle eine begründete Vermutung an, inwiefern es sich bei den Dornen eines Kaktus um eine Angepasstheit handeln könnte.

Pflanzenorgane können durch Änderung ihrer Größe und Gestalt an spezielle Aufgaben angepasst sein. Bei Kakteen ist oft die Sprossachse zu einem wasserspeichernden Organ umgewandelt. Sie ist dann verdickt und enthält in den äußersten Gewebeschichten Chloroplasten, in denen die Fotosynthese durchgeführt wird. Weil bei größerer Blattoberfläche die Gefahr besteht, zu viel Wasser durch Verdunstung zu verlieren, sind die Blätter rückgebildet. Mit der Umwandlung in Dornen erhalten sie eine neue Aufgabe, nämlich den Schutz vor Tierfraß.

Wissen vernetzt – Grundlagen der Biologie

Seite 23

A1 Roboter – perfekte Fußballspieler?
Vergleiche Fußball spielende Menschen und Roboter. Recherchiere dazu im Internet.
Fasse deine Schlussfolgerungen mit eigenen Worten zusammen und trage sie in der Gruppe vor.

Ein Fußball spielender Roboter bewegt sich nach einem vom Menschen festgelegten Programm. Dieses Programm ist im Vergleich zu den Vorgängen im menschlichen Gehirn sehr einfach. Der Roboter kann mit lichtempfindlichen Sensoren die Bewegung des Balls aufnehmen und in seinem Computer die passende Reaktion berechnen. Seine Arme und Beine bewegen sich dann mit ihren mechanischen Bauteilen. So kann er sich auf den Ball zu bewegen und diesen ins Tor schießen. Ein menschlicher Fußballspieler bewegt sich aus eigenem Antrieb und beeinflusst in jeder Sekunde den Handlungsablauf selbst. Mit seinen Augen kann er die Bewegung des Balls und seiner Mitspieler erkennen. Sein Gehirn steuert die Bewegungen, die im Vergleich mit denen der heute möglichen Fußballroboter deutlich schneller, präziser und genauer verlaufen.

A2 Schimmelpilz auf Orangenschalen
a) Formuliere eine begründete Vermutung, wie sich Orange und Schimmelpilz in den folgenden Tagen verändern werden.

Der Schimmelpilz breitet sich weiter aus. Zuerst wird das weiße Fadengeflecht die Orangenschale fast völlig überziehen und auch der grüne Bereich des Pilzes wird größer. Die vorher feste Orange wird weich und matschig und wird deutlich kleiner. Der Schimmelpilz ernährt sich von der Orange und nimmt deren gespeicherte Nährstoffe auf, wobei die Zellen der Orange zerstört werden und ihre Festigkeit verlieren. Das enthaltene Wasser verdunstet schnell und die Orange schrumpft.
b) Sind Schimmelpilze Lebewesen? Stelle begründete Vermutungen an.

Auch Schimmelpilze zeigen die Kennzeichen von Lebewesen. Sie pflanzen sich fort, zeigen Wachstum und Entwicklung und bestehen aus Zellen. Sie ernähren sich und besitzen einen Stoffwechsel. Auch ihre Gestalt ist unverwechselbar. Reizbarkeit und Bewegung sind nicht so deutlich zu erkennen, sind aber ebenfalls vorhanden.

A3 Können Tropfsteine wachsen und sterben?
a) Wachstum und Tod sind typische Merkmale von Lebewesen. Begründe, ob es sich bei Tropfsteinen um Lebewesen handelt.

Tropfsteine zeigen nur einzelne Kennzeichen von Lebewesen und stellen demnach keine Lebewesen dar. Es fehlen so wichtige Kennzeichen wie Stoffwechsel, Reizbarkeit, Bewegung oder Fortpflanzung. Sie sind auch nicht aus Zellen aufgebaut.
b) Stirbt ein Tropfstein wirklich, wenn man ihn berührt? Diskutiert in der Gruppe diesen Sachverhalt.

In der Diskussion sollte zuerst geklärt werden, welche Kennzeichen von Lebewesen durch den Tod unmittelbar betroffen sind (Stoffwechsel, Reizbarkeit). Der Vergleich zwischen dem Tod eines Lebewesens und dem »Tod« eines Tropfsteins zeigt dann, dass hier ein wesentlicher Unterschied besteht: Durch das Hautfett wird das Abtropfen des Wassers an der Spitze des Tropfsteins verhindert und an eine andere Stelle der Höhlendecke verlagert, so dass sich dort ein neuer Tropfstein bildet.
c) In Blumengeschäften kann man »Lebende Steine« kaufen. Informiere dich auf Seite 235 über Lebende Steine. Vergleiche sie mit Tropfsteinen.

»Lebende Steine« sind bestimmte Pflanzen aus den Wüstengebieten des südlichen Afrikas. Es handelt sich um zwar ungewöhnliche Pflanzen, die aber alle Kennzeichen von Lebewesen zeigen. Es handelt sich also trotz des Namens nicht um Steine, während Tropfsteine wirklich Steine sind.

Säugetiere in ihren Lebensräumen

Jede Menge Tiere ...
In der Abbildung sind ausschließlich Wirbeltiere zu finden. Wirbeltiere können schnell an wenigen Merkmalen erkannt werden. Wirbeltiere tragen eine Wirbelsäule und ein knöchernes Innenskelett (nur Haie haben ein Stützsystem aus Knorpel). Sie sind in Kopf, Rumpf und Gliedmaßen unterteilt. Bei allen Wirbeltieren liegt Paargliedrigkeit vor, sie tragen je ein Set von zwei Vorder- bzw. Hinterextremitäten.
In der Abbildung ist auch der Mensch zu finden, da er biologisch betrachtet ebenfalls ein Wirbeltier ist.

Vordergliedmaßen von Säugetieren
A-6, B-4, C-5, D-2, E-1, F-3
Das Krokodil ist kein Säugetier, sondern gehört zur Klasse der Kriechtiere. Sowohl Säugetiere als auch Kriechtiere werden dem Stamm der Wirbeltiere zugeordnet, weshalb sich die Skelette ihrer Vordergliedmaßen in Anzahl und Gruppierung der Knochen sehr ähneln.

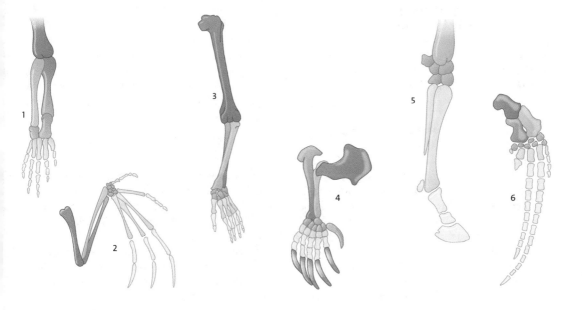

1 Hunde – älteste Haustiere des Menschen

Seite 28

1 **Vergleiche die Zahnformel des Hundes mit einem Hundeschädel aus der Sammlung oder der obigen Abbildung.**

[Diese Aufgabe soll den Schülerinnen und Schülern helfen, die Zahnformel des Hundes besser zu verinnerlichen. Dies ist an dieser Stelle wichtig, weil die Zahnformel ein wichtiges Unterscheidungsmerkmal der verschiedenen Säugetierordnungen ist und im weiteren Verlauf des Buches immer wieder angesprochen werden wird. Bei der Besprechung sollte besonders auf die Reiß- und Fangzähne geachtet werden. Schüler bezeichnen die Fangzähne oftmals fälschlicherweise als Reißzähne. Die Aufgabe kann erweitert werden, indem statt der Abbildung ein Schädel aus der Sammlung eingesetzt wird.]

2 **Beobachte und beschreibe, wie ein Hund einen Knochen bearbeitet.**

Damit der Hund den Knochen gut bearbeiten kann, hält er ihn in der Regel mit den Pfoten fest. Mit den kleinen Schneidezähnen zupft er eventuell noch vorhandene Fleischreste vom Knochen. Wenn er den Knochen aufbeißen will, nimmt der Hund ihn seitlich zwischen die Kiefer und knackt ihn mit den Reißzähnen. Das sind besonders stark entwickelte Backenzähne, die wie Brechscheren wirken.

3 **Erläutere den Begriff Hetzjäger.**

Der größte Trumpf eines Hetzjägers ist seine Ausdauer. Selbst wenn er seine Beute einmal aus den Augen verliert, bleibt er dank seines Geruchssinnes auf der Spur. Hetzjäger wie der Wolf jagen ihre Beute bis zur Erschöpfung und erlegen sie dann im Rudel. Hetzjäger jagen in der Regel nicht leise.

4 **Beschreibe den Weg der Nahrung durch den Körper des Hundes.**

Der Hund reißt mithilfe seines Gebisses einen Brocken aus seiner Beute. Dieser wird nicht zerkaut, sondern im Mundraum eingespeichelt. So kann die Nahrung leichter durch die Speiseröhre in den Magen rutschen. Dort tötet die Magensäure eventuell mit der Nahrung verschluckte Krankheitserreger ab. Gleichzeitig beginnt durch das Einwirken der Magensäure die Verdauung, die Zerlegung der Nahrung in ihre Bestandteile. Anschließend gelangt die Nahrung in den Darm, wo dem Nahrungsbrei Darmsaft zugefügt wird. Durch diesen wird der Darminhalt weiter verflüssigt und die Nahrung wird weiter in ihre Bausteine zerlegt. Diese werden durch die Darmwand in feine Blutgefäße aufgenommen und über den Blutstrom im ganzen Körper verteilt. Im letzten Abschnitt des Darms wird den unverdaulichen Nahrungsresten noch sehr viel Wasser entzogen und diese werden zum Kot eingedickt. Dieser wird über den After ausgeschieden.

Seite 29

1 **Beschreibe Vorteile, die Wölfe durch die Nähe zum Menschen haben.**

In der Nähe des Menschen finden die Wölfe in der Regel leicht Nahrung. Anfangs werden es nur Essensabfälle gewesen sein, später wurden die Wölfe vielleicht aktiv gefüttert, um sie näher an den Menschen zu binden und zu zähmen. So mussten die Wölfe auch kein eigenes Revier mehr gegen fremde Wolfsrudel verteidigen, da ihnen die Nahrung sicher war.
[Es gibt derzeit ernsthafte Hypothesen, dass Wölfe nicht durch Menschen domestiziert wurden, sondern seine Nähe aktiv aufsuchten und sich domestizieren ließen.]

2 **Erkläre, wie ein Wolfsrudel sein großes Revier gegen fremde Wolfsrudel abgrenzen kann.**

Das Revier eines Wolfsrudels ist sehr groß [es kann unter Umständen mehrere hundert Quadratkilometer groß sein]. Somit ist klar, dass die Wölfe, da sie ja im Rudel zusammen bleiben, die Reviere in der Regel nicht direkt verteidigen können. Sie sind auf Methoden angewiesen, die entweder über große Entfernung wirken oder auch noch dann an einer Stelle Wirkung zeigen, wenn der Wolf selbst nicht mehr dort ist.
Über große Strecken wirken Lautäußerungen: Wölfe markieren ihr Revier durch gemeinsames Heulen und Bellen. Das Heulen ist über mehrere Kilometer zu hören. Auch dann, wenn sie längst schon weiter gezogen sind, wirken Duftmarken. Diese hinterlassen die Wölfe in Nasenhöhe ihrer Artgenossen, indem sie Steine oder Baumstämme mit ihrem Urin bespritzen.

Seite 30

1 **Im Steckbrief auf Seite 31 wird der Labrador als »apportier- und wasserfreudiger Jagdhund« beschrieben. Informiere dich bei einem Hundebesitzer, in der Fachliteratur oder im Internet über die Bedeutung dieser Begriffe.**

Unter »Apportieren« versteht man bei einem Jagdhund das Herbeitragen einer durch den Jäger erlegten Beute. Wenn zum Beispiel der Jäger eine Wildente schießt, fällt diese oftmals ins Wasser. Der Jagdhund darf also nicht wasserscheu sein, sondern muss zu dem toten Vogel schwimmen, ihn mit der Schnauze ergreifen, mit den Zähnen vorsichtig transportieren und ihn schließlich vor dem Jäger ablegen. Alle diese Tätigkeiten müssen von dem Hund erlernt werden, wobei zwischen den Hunderassen erhebliche Unterschiede im Lernerfolg bestehen.

2 Ein Golden Retriever wird unter Fachleuten so beschrieben: »Dieser Hund vertreibt keine Einbrecher, statt dessen freut er sich über den Besuch und hilft ihm, die Sachen wegzutragen.« Diskutiert in eurer Lerngruppe, für welche Aufgaben ein Golden Retriever besonders gut oder weniger gut geeignet erscheint.

Der Retriever ist sicherlich als Wach- und Schutzhund weniger gut geeignet als zum Beispiel ein Schäferhund. Seine Freundlichkeit und Gutmütigkeit prädestinieren ihn dagegen als Familienhund, der besonders gerne mit Kindern spielt.

3 Begründe, wie innerhalb von etwa 1000 Jahren aus 12 Hunderassen mehr als 800 Hunderassen entstehen konnten.

Vor etwa 1000 Jahren gab es nur wenige Einsatzbereiche für Hunde. Dazu zählten die Jagd, der Schutz von Weidetieren und die Bewachung von Haus und Hof. Später kamen viele neue Einsatzbereiche dazu wie zum Beispiel Familien- und Schoßhund. Außerdem erweiterten sich die Lebensräume, in die Hunde durch den Menschen mitgebracht wurden (Schnee, Eis, neue Kontinente wie zum Beispiel Amerika). Aufgrund der Variabilität der Hunde konnten die Züchter gezielt Tiere mit bestimmten Eigenschaften auswählen und untereinander weiter vermehren.

Seite 31

1 Erläutere am Beispiel der Hunderassen das Phänomen der Variabilität.

Hunderassen unterscheiden sich in ihrem Aussehen deutlich voneinander. Das kann die Größe des Hundes sein, die Gestalt mit längeren oder kürzeren Beinen, die Länge oder die Färbung des Fells usw. Diese Unterschiede entstanden durch die Züchtung des Menschen, der jeweils die Tiere für die Vermehrung auswählte, die für bestimmte Aufgaben besonders geeignet schienen. Die Hunderassen sind ein Beispiel für das Basiskonzept der Variabilität.

Seite 32

1 Berichte von weiteren Verhaltensweisen, die die Verwandtschaft der Hunde mit den Wölfen belegen.

[Hier sind die Schülerinnen und Schüler aufgefordert, Beobachtungen an eigenen Hunden zu schildern, entsprechend vielfältig können die Äußerungen ausfallen. Nachfolgend sind einige Beispiele aufgeführt.]

Die eigene Wohnung wird von Hunden als Kernbereich des eigenen Reviers verstanden. Entsprechend wird dieses verteidigt. So wird fremden Hunden und Personen gedroht, wenn sie dieses Revier betreten wollen.
Wenn ein Hund mit seinem Frauchen oder Herrchen spielt, wirft er sich auf den Rücken. Das bedeutet, dass er die Menschen als ranghöheres Rudelmitglied akzeptiert.

2 Beschreibe den Gesichtsausdruck der Hunde in der Abbildung.

Der Hund ganz links zeigt zurückgelegte Ohren, das Maul ist geschlossen und die Haare sind nicht aufgestellt. Solch einen Ausdruck zeigt ein Hund, wenn er sich unterwirft.
Der nächste Hund hat seine Ohren ebenfalls nach hinten gelegt. Die Haare sind leicht aufgestellt. Gleichzeitig ist das Maul weit geöffnet, der Hund zeigt seine Zähne. Auch der Nasenrücken ist leicht gekräuselt. Solch einen Ausdruck zeigt ein Hund, wenn er ängstlich und verteidigungsbereit ist.
Der dritte Hund hat sein Maul bei gekräuseltem Nasenrücken ebenfalls weit aufgerissen. Er zeigt seine Zähne und die Haare sind ebenso wie die Ohren aufgestellt. Solch ein Verhalten zeigt ein Hund, wenn er in Angriffsstimmung ist.
Der letzte Hund trägt seine Ohren ebenfalls aufrecht. Die Haare sind leicht gesträubt. Der Nasenrücken ist nicht gekräuselt und das Maul ist geschlossen. Man kann die Zähne nicht sehen. Solch ein Verhalten zeigt ein aufmerksamer Hund.

Seite 33

1 Beschreibe die unterschiedlichen Brutpflegehandlungen einer Hündin.

Vor der Geburt bereitet die Hündin ein warmes Nest für ihre zukünftigen Welpen. Sofort nach der Geburt zerreißt die Hündin die Fruchtblase und beißt die Nabelschnur der Welpen durch. Anschließend leckt die Hündin die Welpen ab und säubert sie. Nach der Geburt werden die Welpen von der Mutter gewärmt und mit Milch gesäugt. Außerdem werden die Welpen von der Mutter im Gefahrenfall verteidigt.

2 Erkläre, warum die Brutpflege für die Welpen lebensnotwendig ist.

Welpen sind typische Nesthocker. Sie kommen nackt und mit verschlossenen Augen und Ohren auf die Welt und können sich kaum bewegen. Sie sind also völlig hilflos. Alle Brutpflegemaßnahmen der Hündin dienen der Lebenserhaltung der Welpen: Nach der Geburt muss die Mutter die Fruchtblase zerreißen, damit die Welpen atmen können. Die Welpen müssen nach der Geburt sauber geleckt werden, damit sich keine Bakterien auf der Haut der Welpen einnisten können. Sie müssen zusätzlich gewärmt werden, weil sie noch kein Fell besitzen und deshalb nicht so gut wärmeisoliert sind. Die Verteidigung in Gefahrensituationen ist notwendig, weil die Welpen sich anfangs kaum bewegen können.

Seite 34

1 Auf den Abbildungen 1 und 2 sind unterschiedliche Verhaltensweisen von Hunden dargestellt. Erläutere, inwiefern es sich hierbei um Kommunikation handelt.

Die Signalwirkung des Zähnefletschens ist in erster Linie auf Artgenossen gerichtet. Diese erkennen die drohende Wirkung der entblößten Eckzähne und können angemessen darauf reagieren, entweder durch Flucht oder gleichfalls mit Drohverhalten. Durch derartige Signale werden vielfach körperliche Auseinandersetzungen mit den entsprechenden Verletzungsgefahren vermieden. Die beteiligten Artgenossen profitieren demnach von der Verständigung durch Signale.

Kommt es dennoch zu einem Kampf, sind auch hier Signale wirksam. Ein unterlegener Hund, der sich auf den Rücken wirft, zeigt ein Demutsverhalten, auch wenn er im Energiestau noch teilweise aggressive Gebärden wie das drohende Zähnefletschen zeigt. Der Angreifer wird durch diese Signale beschwichtigt.

Seite 35

1 Zeige an den Beispielen der Abbildungen (A bis K), wie man Hunde artgerecht halten sollte. Begründe die Maßnahmen.

A Hunde brauchen einen Bereich, in den sie sich zurückziehen können. Deshalb sollten sie einen Korb in der Wohnung haben.
B Hunde sind gesellige Lebewesen. Deshalb sollte man ihnen auch den Kontakt zu anderen Hunden ermöglichen.
C Hunde zeigen wie alle Tiere das Bestreben, sich zu vermehren. Hündinnen sollten einmal in ihrem Leben Welpen bekommen dürfen, damit es nicht zu Fehlentwicklungen kommt. [Die Voraussetzung dafür ist natürlich, dass man vorher abgeklärt hat, wer die Welpen abnimmt.]
D Hunde verscharren gerne Sachen, deshalb sollte man ihnen im Garten Gelegenheit dazu geben.
E Hunde sind gesellige Lebewesen. Deshalb sollte man regelmäßig mit ihnen spielen. Während dieser Spiele wird gleichzeitig auch die Rangordnung besiegelt: Der Hund muss das Frauchen oder Herrchen als übergeordnet anerkennen.
F, K Hunde brauchen einen Bereich, in den sie sich zurückziehen können. Deshalb sollten sie, wenn sie nicht dauerhaft im Haus bleiben, eine Hundehütte oder einen Zwinger im Garten haben.
G Sollte man einmal keine Zeit für seinen Hund haben, sollte man ihm Spielzeug geben, damit er sich kurzfristig selbst beschäftigen kann.
H Hunde markieren üblicherweise ihr Revier. Wenn sie in der Wohnung stubenrein bleiben sollen, muss man ihnen dazu Gelegenheit im Garten oder auf Spaziergängen geben.
J Hunde sind ursprünglich Lauftiere. Deshalb müssen sie regelmäßig bewegt werden. Am besten geschieht das auf Spaziergängen. Während dieser sollte der Hund angeleint sein, damit er sich selbst nicht im Straßenverkehr gefährdet oder zur Gefahr für andere Lebewesen wird

2 Katzen

Seite 37

1 Beschreibe mithilfe der Abbildungen A bis E das Jagdverhalten der Katze.

Die Katze schleicht lautlos über eine Wiese oder durch einen Garten und lauscht. Dazu stellt sie die Ohren auf. Hat sie eine Beute entdeckt, duckt sie sich tief und verharrt regungslos. Sie beobachtet das Beutetier aufmerksam und schleicht sich in geduckter Haltung weiter heran. Erneut drückt sie sich ganz dicht an den Erdboden und wartet eine Weile, ehe sie sich weiter auf die Beute zu bewegt. Schließlich verharrt sie wieder geduckt und regungslos und fixiert ihre Beute, diesmal aber in gespannter Haltung: Sie bereitet sich auf den Sprung vor. Plötzlich drückt die Katze sich mit den Hinterbeinen vom Boden ab und schnellt mit gestreckten Vorderbeinen in einem weiten Bogen vorwärts. Während des Sprungs streckt die Katze ihre Vorderbeine und die Pfoten, wodurch die Krallen ausgefahren werden. Bei der Landung wird das Beutetier mit den spitzen, scharfen Krallen erfasst. Es wird durch einen Biss der langen, spitzen Fangzähne getötet und anschließend davongetragen oder gefressen.

2 Erstelle die Zahnformel für das Katzengebiss.

$$\frac{3 \cdot 1 \cdot 3 \cdot 1}{3 \cdot 1 \cdot 2 \cdot 1}$$

Seite 38

1 Vergleiche die Hauskatze mit der europäischen Wildkatze.

Wildkatzen haben wie die Hauskatzen einen schlanken Körper und einen runden Kopf mit großen Ohren, sie sind jedoch größer und schwerer. Ihr Fell ist wie das der Hauskatzen kurz, dicht, fest und glänzend. In der Farbe des Fells unterscheiden sich Haus- und Wildkatze: Hauskatzen können einfarbig, gefleckt, getigert oder mehrfarbig sein. Wildkatzen sind stets von grau-brauner Farbe und getigert. Ein charakteristisches Merkmal der Wildkatzen ist ihr buschiger ebenfalls getigerter Schwanz.

Der Lebensraum der Tiere unterscheidet sich: Während Hauskatzen sich in der Nähe von Menschen, in deren Häusern und dem Wohnumfeld aufhalten, sind Wildkatzen menschenscheu und meiden die Nähe des Menschen. Sie leben in den Wäldern der Mittelgebirge.

Beide Katzenarten ruhen tagsüber und gehen erst zu Beginn der Dämmerung auf die Jagd.

Seite 39

1 Erstelle den Steckbrief eines Löwen, Geparden, Leoparden, Jaguars oder Pumas.

Name: Löwe *(Panthera leo)*
Familie: Katzen
Vorkommen: in den Steppen Afrikas und Indiens
Körpermaße: Länge bis zu 3 Metern; Gewicht bis zu 250 Kilogramm; Weibchen bis zu 50% kleiner und leichter.
Aussehen: gelbbraun gefärbtes Fell; Schwanz mit schwarzer Quaste; Männchen haben eine dicke Mähne am Kopf.
Lebensweise: lebt und jagt in Rudeln; ernährt sich von Antilopen, Zebras, Giraffen und anderen Steppentieren. Löwen können für kurze Zeit bis zu 60 km/h schnell laufen

Besonderheit: Löwen sind in Indien fast ausgestorben und kommen in Afrika nur noch in Wildparks vor.

Name: Gepard *(Acinonyx jubatus)*
Familie: Katzen
Vorkommen: in den Buschsavannen Afrikas und in Asien
Körpermaße: Länge bis zu 2,2 Metern; Gewicht bis zu 70 Kilogramm; Weibchen max. 40 Kilogramm; extrem lange Läufe; kleiner Kopf
Aussehen: gelbe Grundfärbung mit schwarzen Tupfen an Rumpf, Beinen und Schwanz; unter dem Bauch und an der Kehle helle Fellfärbung
Lebensweise: jagt allein; ist ein Sichtjäger: bevorzugt kleine Anhöhen, von welchen er die Landschaft überblicken kann; typisches Tagraubtier; ernährt sich von Antilopen und anderen Steppentieren; erreicht bereits nach 2 Sekunden 60 km/h und insgesamt eine Geschwindigkeit von bis zu 110 km/h und kann damit jedes Opfer einholen. Der Gepard ist das schnellste Säugetier der Welt.

Besonderheit: Der Gepard ist fast ausgerottet.

Name: Leopard (*Panthera pardus*)
Familie: Katzen
Vorkommen: ganz Afrika, Arabien und Asien, sehr anpassungsfähig, daher in fast allen Lebensräumen
Körpermaße: Länge bis zu 2,30 Metern; Gewicht bis zu 80 Kilogramm
Aussehen: gelb gefärbtes Fell, an den Beinen mit dunklen Flecken, am Rumpf mit großen braunen Plattenflecken, die dunkel umrandet sind.
Sonderformen:
Schneeleoparden: wesentlich heller gefärbt.
Schwarzer Panther: einfarbig dunkle Leoparden.
Lebensweise: Einzelgänger mit einem Revier von bis zu 50 km²; liebt undurchsichtiges Gelände mit Höhlen; ernährt sich von Antilopen, Hirschen, Zebras, Wildschweinen, Nagetieren und Vögeln. Leoparden sind Ansitzjäger: sie warten auf einem Ansitz oder Baum mit gutem Überblick, bis ein geeignetes Opfer vorüberkommt und springen es dann an.

Name: Jaguar (*Panthera onca*)
Familie: Katzen
Vorkommen: Regenwaldgebiete; auch bewaldete Ufer von Flussläufen Mittel- und Südamerikas
Körpermaße: Länge bis zu 2,40 Metern; Gewicht bis zu 110 Kilogramm; Weibchen max. 70 Kilogramm; größtes und schwerstes Raubtier Amerikas.
Aussehen: rotgelbes kurzhaariges Fell, auf der Oberseite mit schwarzen Flecken und Rosetten; helle längere Behaarung an Bauchseite, Brust, Hals, Kehle und den Innenseiten der Beine; Schwanz mit Rosetten und an der Spitze Streifen; auch komplett schwarzes Aussehen möglich.
Lebensweise: einzelgängerischer Schleichjäger in einem Revier von 25–150 km²; kann ausdauernd schwimmen und gut klettern; ruht gern auf Bäumen; jagt kleine und größere Bodentiere wie Gürteltiere, Agutis oder Tapire, auch Fische und Kaimane. Paare halten nur während der Paarungsperiode zusammen; danach zieht das Weibchen die Jungen allein auf.

Name: Puma (*Puma concolor*)
Familie: Katzen
Vorkommen: offene Graslandschaften oder Gebirge Nord- und Südamerikas. Der Puma liebt gebirgige Buschdickichte und Waldgebiete, weshalb er – aufgrund seines Äußeren – auch »Berglöwe« genannt wird.
Körpermaße: Länge bis zu 2,5 Metern; Gewicht bis zu 110 Kilogramm
Aussehen: silbergrau im Norden Amerikas, bräunlich in wüstenähnlichen Gebieten und rot-braun in tropischen Gebieten; alle Pumas haben eine heller gefärbte Bauchseite. Neugeborene haben ein schwarz gepunktetes Fell.
Lebensweise: Einzelgänger; Das Territorium eines Männchens umfasst die Territorien mehrerer Weibchen; nachtaktiver Jäger, springt seine Beute mit Sätzen von bis zu 15 m an; ernährt sich von Rehwild, Affen, Stachelschweinen und anderen Säugetieren

Seite 40

A1 Untersuchung des Fells von Säugetieren
a) Betrachte mit der Lupe die Grannenhaare und Wollhaare. Benenne ihre Aufgaben. Fertige eine Zeichnung der beiden Haartypen an.

Die Wollhaare stehen sehr dicht beieinander, sind gekräuselt und wachsen dicht an der Haut. Obwohl sie so dicht stehen gibt es zwischen ihnen viele mit Luft gefüllte Zwischenräume. Da Luft ein schlechter Wärmeleiter ist, bilden die Wollhaare und die von ihnen eingeschlossene Luft eine Wärme isolierende Schicht. Im Winterfell stehen diese dichter als im Sommerfell, da im Sommer weniger Wärmeisolation erforderlich ist. Die Grannenhaare hingegen sind feste, glatte Haare, die weiter auseinander stehen. Sie haben die Aufgabe das feine Wollhaarfell vor Schmutz und Nässe zu schützen. Grannenhaare verleihen dem Fell die jeweils charakteristische Färbung.

Skizze der Haartypen:

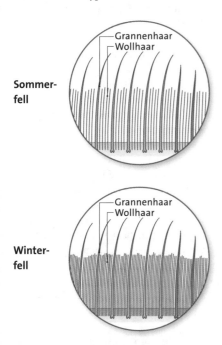

Sommerfell

Winterfell

b) Beschreibe die Anordnung des Fells am verwendeten Präparat. Vergleiche mit der Behaarung am Unterarm und am Kopf des Menschen.

Beim verwendeten Präparat liegen Grannen- und Wollhaare in etwa gleichen Mengen am ganzen Körper vor. Lediglich an den Pfoten und im Gesichtsbereich (Augen, Nase, Maul, Ohren) wird das Fell kürzer und die Anzahl der Haare nimmt ab. Das Kopfhaar des Menschen ist im Vergleich zum Fell von Tieren ungewöhnlich lang. Es dient der Wärmeisolierung des Kopfes, über den bei Kälte ein Großteil der Körperwärme verloren geht. Die Haare an den Unterarmen des Menschen stehen sehr weit auseinander und bilden keine deckende Fläche mehr. Sie sind Überbleibsel der einstmals vorhandenen flächendeckenden Körperbehaarung des Menschen. Die Muskeln zum Aufrichten dieser Wollhaare sind noch vorhanden, doch durch die viel zu weiten Abstände zwischen den Haaren kann im Gegensatz zum Fell von Säugetieren kein isolierendes Luftposter gebildet werden. Aus diesem Grund ist der Mensch auf Kleidung angewiesen.

c) Beschreibe, in welcher Richtung im Fell die Haare liegen. Eine Katze weicht aus, wenn sie gegen diese Richtung gestreichelt wird. Erläutere dieses Verhalten.

Die Haare im Fell sind alle in eine Richtung gewachsen. Meist von vorn nach hinten, wodurch Gegenstände, die die Tiere beim Laufen berühren, entlang der Fellrichtung abgleiten. Streichelt man eine Katze gegen diese Richtung, stellt sich ihr Fell auf. Die Wärme isolierende Wollschicht wird durcheinander gebracht und kalte Luft dringt an die Haut der Katze, was diese als unangenehm empfindet. Das Fell muss geglättet werden, damit es seine Funktion wieder voll erfüllen kann.

d) Erkläre in welchen Situationen man häufig die Redewendung: »Dies geht mir gegen den Strich!« hören kann. Stelle eine begründete Vermutung an, wie sie entstanden sein könnte.

Ebenso wie es der Katze unangenehm ist, wenn man sie gegen den Strich streichelt, meint diese Redewendung, dass etwas als unangenehm empfunden wird. Es ist eine Metapher, die auf die Wachstumsrichtung des Fells zurückzuführen ist. Wird gegen diese Wachstumsrichtung, also gegen den Strich, gestreichelt, dann reagieren Tiere ausweichend und zeigen Abwehrreaktionen. Das Streicheln in falscher Richtung ist ihnen unangenehm.

A2 Auf die Pfote kommt es an
a) Beschreibe die beiden Pfoten. Zeige Gemeinsamkeiten und Unterschiede auf.

Gemeinsamkeiten: Beide Pfoten zeigen jeweils vier Zehenballen sowie einen Sohlenballen. Zwischen den Ballen wachsen jeweils Haare.

Unterschiede: Auf dem rechten Foto sind die Ballen dunkel gefärbt, auf dem linken sind die Zehenballen rosa und der Sohlenballen ist rosa-dunkel gefleckt. Auf dem rechten Foto sind über den Zehenballen Krallenspitzen zu sehen, auf dem linken Foto sind keine Krallenspitzen zu sehen.

b) Entscheide und begründe, welche der beiden Pfoten einer Katze und welche einem Hund gehört.

Das rechte Foto stellt die Pfote eines Hundes dar, das linke Foto die einer Katze. Hunde können im Gegensatz zu Katzen ihre Krallen nicht einziehen, sodass sie immer sichtbar sind.

c) Erläutere am Beispiel von Katzen- und Hundepfote den Zusammenhang zwischen Struktur und Funktion.

Die Stellen der Pfote, die beim Laufen den Untergrund berühren, sind von einer festen Haut bedeckt. Dies verhindert Verletzungen durch den Untergrund. Zwischen den Ballen wachsen Härchen. So können keine feinen Steinchen in die Ritzen zwischen den einzelnen Ballen eindringen. Krallen an den Enden der Zehen verbessern zusätzlich den Kontakt zum Boden. So ermöglichen die Pfoten Hunden und Katzen gewandtes Laufen.

V3 Ausziehbare Krallen
a) Ziehe vorsichtig an der Schnur und lasse sie dann wieder los. Notiere deine Beobachtungen.

Wenn man an der Schnur zieht, dreht sich die Pappe mit der Kralle um die Musterklammer auf die Schnur zu. Am Schluss schaut sie über den Rand der größeren Pappe hinaus. Gleichzeitig wird das Gummiband gespannt. Wenn die Schnur losgelassen wird, zieht sich das Gummiband wieder zusammen und dabei schnellt die Pappe mit der angedeuteten Kralle wieder in ihre Ausgangsstellung zurück.

b) Vergleiche das Modell mit der echten Katzenpfote. Lege dazu eine Tabelle an.

Modell	Katzenpfote
große Pappe	Umriss Katzenpfote
kleine Pappe	Katzenkralle mit Fingerknochen
Musterklammer	Fingergelenk
Gummiband	elastisches Band
Schnur	untere Sehne

Seite 41

A4 Revierverhalten von Katze und Hund
a) Stelle eine begründete Vermutung an, was die Katze jeweils gerade macht und worin die Reviermarkierung besteht.

Die Katze links reibt ihr Hinterteil an einen Baumstamm und markiert diesen mit Urin. Die Markierung erfolgt durch Duftstoffe, die andere Katzen riechen. Die mittlere Katze markiert ihr Revier durch Kratzen an einem Baumstamm. In diesem Fall wird das Revier durch eine Markierung gekennzeichnet, die andere Katzen sehen können. Die Katze rechts reibt sich an einem festen Gegenstand und überträgt ihren Geruch auf diesen. In diesem Fall erfolgt die Markierung wiederum durch Duftstoffe, die andere Katzen riechen können.

b) Beschreibe Verhaltensweisen des Wolfes, mit denen ein Revier abgegrenzt wird.

Ein Wolfsrudel kann sein Revier zum Beispiel durch gemeinsames Heulen markieren. In diesem Fall erfolgt die Revierabgrenzung akustisch: Andere Wölfe hören das Signal. Wölfe markieren ihr Revier aber auch durch das Abgeben von Urin, den sie an höher gelegenen Geländemarken verteilen. So können andere Wölfe die Markierung riechen.

A5 Fellpflege
a) Erläutere die Struktur der Katzenzunge und stelle einen Zusammenhang zur Funktion her.

Die Oberfläche der Katzenzunge ist mit hornigen Stacheln besetzt, die nach hinten gerichtet sind. Diese Stacheln wirken wie ein Kamm, wenn die Katze damit über ihr Fell leckt. Fremdkörper werden so aus den Haaren entfernt.

b) Stelle begründete Vermutungen an, wie die Struktur der Katzenzunge auch die Nahrungsaufnahme erleichtert.

Mit der rauen Zunge kann die Katze auch noch kleine Fleischstückchen von Knochen ablösen, die sie mit den Zähnen alleine nicht mehr erreichen würde.

A6 Körpersprache von Katzen und Hunden
a) Ordne den genannten vier Stimmungslagen jeweils eine der Abbildungen A bis D zu.

A Die Katze ist zufrieden, ihr geht es gut.
B Die Katze ist in Schmusestimmung
und sucht Anschluss.
C Die Katze ist in Verteidigungshaltung.
D Die Katze ist in Angriffsstimmung.

b) Beschreibe das Aussehen eines Hundes bei den entsprechenden Stimmungslagen.

A Ein zufriedener Hund trägt seinen Schwanz waagerecht oder nach oben gerichtet, die Ohren sind aufmerksam nach oben gerichtet, das Maul ist leicht geöffnet ohne die Zähne zu zeigen, die Haare sind nicht aufgerichtet.
B Ein Hund in Schmusestimmung wedelt mit seinem Schwanz, den er gesenkt hält. Sein Maul ist geschlossen oder leicht geöffnet, die Lefzen werden nicht hochgezogen, die Haare sind nicht aufgestellt.
C Ein Hund in Verteidigungshaltung klemmt seinen Schwanz zwischen die Hinterbeine auf den Bauch. Die Ohren sind nach hinten gelegt und das Fell leicht gesträubt.
D Ein Hund in Angriffsstimmung trägt seinen Schwanz waagerecht und die Schwanzspitze zittert hin und her. Die Ohren stehen aufrecht nach vorne gerichtet. Die Schnauze ist geöffnet, die Lefzen werden hochgezogen und der Hund zeigt die Zähne. Der Nasenrücken ist gekräuselt und das Fell des Hundes gesträubt.

c) Erkläre, warum sich erwachsene Hunde und Katzen nicht »verstehen«, wenn sie nicht miteinander aufgewachsen sind.

Hund und Katze drücken ihre Stimmungslage durch andere Körperhaltungen aus. Dabei bedeuten die Signale für die jeweils andere Art oft das genaue Gegenteil wie für die eigene Art. Beispielsweise hält eine zum Angriff bereite Katze den Schwanz gesenkt, während eine entspannte Katze den Schwanz hoch trägt. Aggressive Hunde tragen den Schwanz hingegen erhoben, während er in entspannter Verfassung waagerecht oder gesenkt gehalten wird.

A7 Katzenaugen verändern sich
a) Vergleiche die beiden Abbildungen.

Bei der linken Abbildung sind die Pupillen groß und rund, die hellgrüne Iris ist kaum zu sehen. Bei der rechten Abbildung ist die Pupille schlitzförmig und steht senkrecht. Die hellgrüne Iris ist sehr groß.

b) Erkläre deine Beobachtungen.

Die Pupille ist die Öffnung im Auge, durch die das Licht auf die Netzhaut fällt. Je größer die Öffnung ist, desto mehr Licht kann einfallen. Dementsprechend befindet sich die Katze auf der linken Abbildung in einer dunklen Umgebung und die Katze auf der rechten Abbildung in einer hellen. In dunkler Umgebung gibt es nur wenig Licht und die Pupillen sind weit geöffnet. So kann viel Restlicht ins Auge fallen und die Katze kann auch bei wenig Licht noch etwas sehen.

3 Das Rind

Seite 42

1 Recherchiere in Büchern oder im Internet die steinzeitlichen Höhlenmalereien. Benutze Stichworte wie »Höhlenmalerei«, »Lascaux« oder »Altamira«. Vergleiche die auf den Fels gezeichneten Rinder mit dem Englischen Parkrind.

Die Höhlen von Altamira in Nordspanien oder von Lascaux in Südfrankreich enthalten viele Felszeichnungen. Neben Abbildungen von Rindern finden sich auch Zeichnungen von Pferden und Steinböcken. Es finden sich Jagdszenen, in denen manche Tiere von Pfeilen getroffen sind.

Die gezeichneten Rinder haben fast alle einen sehr tiefen Brustkorb und eine gewölbte Nackenpartie. Beides ist beim Englischen Parkrind nicht so stark ausgeprägt. Einige der abgebildeten Rinder sind offensichtlich keine Auerochsen, sondern Wisente, da sie in der Körperform und -farbe stark mit den heute lebenden Wisenten übereinstimmen. Die Form der Hörner der gezeichneten Tiere ist dagegen ähnlich der des Parkrindes. Die Fellfarbe ist braun und nicht so hell wie bei den Parkrindern.

2 Erläutere Maßnahmen, mit denen der Mensch das Überleben der Wisente in der freien Natur sichern kann.

Den Tieren muss ein Gebiet zur Verfügung gestellt werden, welches ähnliche Bedingungen aufweist wie in dem ursprünglichen Lebensraum der Wildrinder: Lichte Wälder mit entsprechender Nahrung. In diesem Gebiet dürfen die Tiere nicht gejagt werden. Störungen sollten so gering wie möglich gehalten werden, sodass beispielsweise Verkehrslinien dieses Gebiet nicht kreuzen dürfen und Flughäfen weit entfernt liegen müssen. Menschen dürfen sich in diesem Gebiet nur auf speziell gekennzeichneten Pfaden bewegen.

Seite 43

1 Beurteile die Freiland- und die Stallhaltung von Rindern bezüglich einer artgerechten Tierhaltung.

Die Freilandhaltung von Rindern entspricht eher einer artgerechten Tierhaltung als die Stallhaltung, da die Tiere auf einer Weide in der Natur großflächig frei beweglich sind. Im Boxenlaufstall können sie sich auch frei bewegen, haben aber nur einen begrenzten Bewegungsraum. Die Anbindehaltung steht im krassen Widerspruch zur artgerechten Haltung von Rindern. Auf der Weide können Rinder sich ihr natürliches Futter suchen und das frische Gras selbst abreißen. Diese Verhaltensweise entfällt im Stall weitgehend. Ihren Herdentrieb können Rinder im Freiland am besten ausleben. Auch im Boxenlaufstall können sie Kontakt untereinander aufnehmen, was bei der Anbindehaltung nur zum Nachbarrind möglich ist. Diese Form der Tierhaltung entspricht einer artgerechten Tierhaltung in keiner Weise, denn sowohl die Trennung von Mutter und Kalb direkt nach der Geburt, als auch die Haltung der Tiere an Ketten entspricht nicht den natürlichen Bedürfnissen von Rindern. Die Freilandhaltung, besonders die Art, die in der ökologischen Landwirtschaft praktiziert wird, entspricht der artgerechten Tierhaltung am ehesten, da hier die Kälber bei der Mutter in der Herde bleiben und deren Milch trinken können.

2 Formuliere aus Verbrauchersicht Erwartungen an die Landwirte. Berücksichtige auch die Konsequenzen.

Landwirte sollten die artgerechte Tierhaltung von Rindern so weit wie möglich durchführen. Wenn möglich sollten Rinder in der freien Natur gehalten werden, da sie dann ihr arteigenes Verhalten weitgehend ausleben können und auch weniger krankheitsanfällig sind. Das spart Kosten für den Tierarzt und für Medikamente.

Außerdem fressen die Tiere auch besser, wenn sie sich wohl fühlen. Wenn die Freilandhaltung nicht möglich ist, sollten die Tiere in Boxenlaufställen gehalten werden, da diese den Rindern noch einen begrenzten Bewegungsraum ermöglicht. Die Anbindehaltung sollte gar nicht mehr praktiziert werden, denn sie entspricht in keiner Weise einer artgerechten Tierhaltung. Diese Maßnahme und der verstärkte Freilauf von Rindern werden Kosten verursachen, die den Preis für Fleisch erhöhen. Verbraucher, die diese Art der Rinderhaltung bevorzugen, müssen daher auch bereit sein, einen höheren Preis für das Fleisch zu bezahlen. Da die Rinderhaltung in Boxenlaufställen kostengünstiger ist als die Freilandhaltung, wird hier Fleisch für die Verbraucher erzeugt, die nicht so viel Geld ausgeben möchten. Keinesfalls sollten dem Futter Zusatzstoffe, wie zum Beispiel Wachstumshormone, zugesetzt werden, da diese auch für den Menschen schädlich sein können.

Seite 45

1 Ein Rind frisst täglich 50 bis 100 kg Grünfutter. Erläutere die Verdauung dieser großen Nahrungsmenge.

Rinder fressen große Mengen Gras, speicheln es gut ein und schlucken es unzerkaut hinunter. Die Nahrung gelangt über die Speiseröhre in den *Pansen*. Hier wird die Nahrung eingeweicht und durch Bakterien und einzellige Wimperntierchen vorverdaut. Durch ständige Bewegungen der Magenwand wird die Nahrung im Pansen gut durchmischt und gelangt dabei in den Netzmagen. Hier wird die Nahrung durch die netzartige Wandstruktur des Magens zu kleinen Klößen geformt, die beim Aufstoßen des Rindes durch die Speiseröhre wieder ins Maul gepresst werden.

Im Maul wird der Nahrungskloß zwischen den Backenzähnen durch kreisende Bewegungen des Unterkiefers gegen den Oberkiefer zerrieben. Der dadurch entstehende Speisebrei gelangt beim Hinunterschlucken wieder in den Pansen. Durch die Magenbewegung gelangt das feine Material in den *Blättermagen*. Die Wand dieses Magenteils enthält zahlreiche Falten, wodurch dem Nahrungsbrei das überschüssige Wasser entzogen werden kann.

Vom Blättermagen gelangt der eingedickte Nahrungsbrei in den *Labmagen*. Hier wird durch Verdauungssäfte, das Lab, die Nahrung aufgeschlossen und abgebaut. Im anschließenden Darmtrakt werden die verdaulichen Nahrungsbestandteile durch die Darmwand in das Blut des Rindes aufgenommen. Der unverdauliche Nahrungsrest wird über den After ausgeschieden.

2 Vergleiche die Backenzähne eines Rindes mit denen einer Katze.

Die Backenzähne des Rindes sind typische Mahlzähne. Sie bestehen aus unterschiedlich harten Substanzen: Dem harten Zahnschmelz und dem weicheren Zahnbein und Zahnzement. Diese beiden Substanzen nutzen sich beim Kauen unterschiedlich stark ab. Dadurch bilden sich harte Schmelzfalten, womit ein Rind die harten Gräser zermahlen kann. Das Rind hat ein Pflanzenfressergebiss. Die Backenzähne einer Katze sind ganz anders geformt: Sie haben scharfe, spitze Zacken und dienen dazu, Fleisch abzubeißen und zu zerkleinern. Es sind typische Fleischfresserzähne. Die Katze hat ein Raubtiergebiss.

Die Backenzähne von Rind und Katze haben ganz unterschiedliche Funktionen, die nur mit einem speziellen Bau und einer ganz bestimmten Form erfüllt werden können. Hier lassen sich die Prinzipien Struktur und Funktion sowie Angepasstheit anwenden.

Seite 46

3 Erstelle in einer Gruppe eine Mindmap zum Thema »Milch und Milchprodukte«.

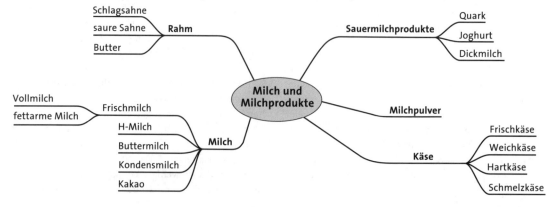

Seite 47

1 Vergleiche den Körperbau eines Milchrindes, eines milchbetonten und eines fleischbetonten Zweinutzungsrindes. Analysiere den Zusammenhang zwischen Nutzung und Körperbau der Tiere.

Milchrinder wie die Holstein-Friesian sehen sehr knochig aus, d.h. sie haben nur einen geringen Fleischansatz. Dafür besitzen sie ein sehr großes Euter – viel größer als das der Kühe einer milchbetonten Zweinutzungsrasse, wie zum Beispiel des Deutschen Fleckviehs. Das wird auch im Gewicht der Kühe deutlich: Trotz des enormen Euters wiegt eine Holstein-Friesian mit 650 – 750 kg weniger als eine Kuh des Deutschen Fleckviehs (700 – 800 kg). Die Hauptleistung der Milchkühe geht also in die Milchproduktion, was an ihrer Milchleistung deutlich wird. Diese liegt mit 10 000 Litern pro Jahr bei einer Holstein-Friesian um zirka ein Drittel höher als die einer Kuh des Deutschen Fleckviehs mit 7000 Litern.

Die Milchleistung einer Kuh des Deutschen Fleckviehs liegt zwar unter der einer Milchkuh, aber über der von 5500 Litern einer Kuh des Deutschen Gelbviehs. Das geht nicht nur aus dem Zahlenvergleich hervor, sondern lässt sich auch an der Eutergröße der drei Kühe erkennen. Das Deutsche Fleckvieh ist also eine typische milchbetonte Zweinutzungsrasse, die bei recht guter Milchleistung auch einen leichten Fleischansatz hat. Dieser ist bei einem fleischbetonten Zweinutzungsrind wie dem Deutschen Gelbvieh deutlich höher, was sich auch im Gewicht der Kühe ausdrückt. Es liegt mit 750 – 850 kg leicht über dem einer Fleckvieh-Kuh (700 – 850 kg) und deutlich über dem einer Holstein-Friesian (650 – 750 kg).

Während bei Milchrindern die ganze Energie des Tieres für die Milchproduktion verwendet wird, muss sie bei Zweinutzungsrindern – je nach Milch- oder Fleischbetonung – unterschiedlich aufgeteilt werden. Bei einem Dreinutzungsrind wie dem Harzer Rotvieh muss die Energie sowohl für die Milch- und die Fleischproduktion als auch für den Muskelaufbau verwendet werden. Dies drückt sich nicht nur im geringeren Körpergewicht dieser Tiere aus, sondern auch ihre Milchleistung ist deutlich geringer und beträgt mit 4000 Litern nicht einmal die Hälfte einer Hochleistungs-Milchkuh. Trotzdem ist dieses Tier ein brauchbares Nutz- und Schlachttier.

2 Recherchiere im Internet oder in der Literatur, welche Rinderrassen in Nordamerika, Afrika und Asien gehalten und wie sie genutzt werden. Trage die Arten und ihre Nutzung in eine Tabelle ein.

Kontinent	Rinderrasse	Verwendung
Nordamerika	Bison	geschützt
	Buffalo	Vielnutzungsrind
Afrika	Butana (Sudan, Ruanda, Burundi, Tansania)	Dreinutzungsrind
	Ankole Longhorn (Angola)	Milchrind
	Kenana (Sudan)	Milch- und Zugrind eines der besten Milchrinder Afrikas
	Watussi (Ruanda, Burundi)	Vielnutzungsrind: Milch-, Zug-, Trag- und Reitrind
Asien	Hariana (Zebu) (Indien)	hervorragendes Zugrind, kein Schlachttier (heilig)
	Wasserbüffel (Indien, Bangladesch, Indonesien)	Arbeitstier (Milch)
	Yak (Indien, Tibet, Nepal, China, Setschuan)	Dreinutzungsrind, Wolle
	Moschusochse	Parfümindustrie

4 Pferde – Nutztiere im Wandel

Seite 49

1 Beschreibe den Aufbau eines Pferdebeins.

Pferdebeine haben lange und kräftige Ober- und Unterschenkelknochen. Der Mittelfußknochen ist sehr lang gestreckt und verlängert dadurch den Fuß. Das Fersenbein könnte dadurch leicht mit dem Knie verwechselt werden. Von den Zehen ist nur die mittlere Zehe kräftig ausgebildet. [Die zweite und dritte Zehe sind als Reste vorhanden. Sie werden »Griffelbeine« genannt. Die erste und fünfte Zehe fehlen völlig.] Pferde sind Zehenspitzengänger, denn sie treten mit der Spitze des letzten Zehenknochens auf. Dieser ist von einem Huf aus Horn ummantelt. Durch den Zehenspitzengang steht der Mittelfußknochen fast senkrecht und verlängert deshalb das gesamte Bein. Der Zehenspitzengang und die Beinlänge vergrößern die Schrittlänge und ermöglichen dadurch dem Pferd ein schnelles Laufen. Daher werden die Beine »Laufbeine« genannt.

2 Erkläre den Sinn der Aussage: »Einem geschenkten Gaul sieht man nicht ins Maul«.

Der Spruch erklärt sich mit dem Abnutzungsgrad der Zähne, an dem Pferdekenner das Alter eines Tieres abschätzen können. Besonders bei den Schneidezähnen kann man die Abnutzung gut sehen. Da sie schräg nach vorn stehen, werden sie beim Kauen auch schräg abgeschliffen. Dadurch verändert sich ihr Querschnitt mit zunehmendem Alter des Pferdes von rund nach schräg-oval. [Auch die Kronen der Backenzähne nutzen sich auf diese Weise pro Jahr zwei bis drei Millimeter ab. Trotzdem ändert sich die Länge der Zähne nicht, denn sie wachsen ständig aus dem Kiefer nach.] Pferdekäufer werfen daher immer zuerst einen Blick in das Maul des Tieres, um das vom Verkäufer angegebene Alter zu überprüfen. Bekommt man das Tier geschenkt, verbietet die Höflichkeit diesen Test.

5 Das Schwein – ein Allesfresser

Seite 51

1 Stelle die unterschiedlichen Körpermerkmale von Wild- und Hausschwein in einer Tabelle gegenüber.

Körpermerkmal	Wildschwein	Hausschwein
Beinlänge	kurz	kürzer als beim Wildschwein
Körperlänge	12 Rippen	13 bis 17 Rippen, länger als beim Wildschein
Körperform	breite Brust- und Schulterregion, schmaler Hinterkörper	ovalförmig
Schädelform	relativ flach, lange Schnauze	durch die verkürzte Schnauze wirkt der Schädel höher
Körperfarbe/-bedeckung	grau-braun-gelblich mit langen, schwarzen Borsten	helle Borsten, die rosafarbene Haut scheint durch
Ohren	stehend	hängend
Schwanz	lang, glatt, dunkel behaart mit Quaste	kurz, gekringelt, rosa, mit wenigen, sehr hellen Borsten

2 Stelle Zusammenhänge zwischen Struktur und Funktion der Zähne des Wildschweins her.

Der Wildschweinschädel ist relativ flach gebaut mit einer langen Schnauze. Diese Form des Schädels ist an das Wühlen in der Erde bei der Futtersuche gut angepasst. Hilfreich beim Umbrechen der Erde sind die großen Hauer, die die Erde »durchpflügen«. Mit diesen großen Eckzähnen kann das Tier aber auch Fleisch zerreißen oder einen Gegner verletzen. Das Gebiss des Wildschweins enthält außerdem im Ober- und Unterkiefer je drei Schneidezähne und sieben Backenzähne. Mit den schräg nach vorn stehenden Schneidezähnen kann das Wildschwein gut Gräser abrupfen oder Eicheln und Kastanien aufnehmen. Diese pflanzliche Nahrung kann zwischen den hinteren sechs Paar Backenzähnen mit ihrer stumpfen Oberfläche gut zerrieben werden. Schneide- und hintere Backenzähne ähneln denen eines Pflanzenfressergebisses. Mit den scharfkantigen vorderen vier Backenzähnen kann das Wildschwein Fleisch zerbeißen und kauen. Diese Zähne ähneln denen eines Raubtiergebisses. Dieses Gebiss ist optimal an die pflanzliche und tierische Nahrung des Wildschweins angepasst. Es ist ein Allesfressergebiss.

3 Fertige eine Mindmap zum Thema »Verwertung des Hausschweins« an.

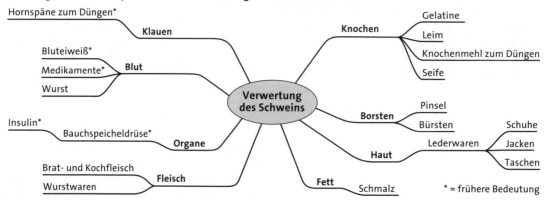

6 Artgerechte Tierhaltung

Seite 52

1 Erläutere den Begriff Heimtier.
Ein Heimtier wird vom Menschen in seinem Haus gehalten, ohne dass es einen objektiven Nutzen oder Gewinn bringt. Der Mensch empfindet Freude und Entspannung dabei, sich um das Tier zu kümmern und es zu pflegen. Bei der Beziehung zwischen Mensch und Heimtier steht die persönliche Bindung im Vordergrund, die je nach Art des Heimtieres natürlich verschieden ist.

2 Könntest du Hundebesitzer sein? Was muss vor der Anschaffung eines Hundes geklärt sein? Nenne Gründe, warum du einen Hund halten möchtest.
Stichworte zum Thema Anschaffung: Verantwortung für den Hund über einen Zeitraum von etwa 15 Jahren, dauerhafte finanzielle Belastung durch Futter, Versicherung, Hundesteuer und Tierarztkosten, Versorgung des Hundes durch alle Familienmitglieder, Versorgung während des Familienurlaubs.
Stichworte zum Thema Gründe: zum Liebhaben und Kuscheln, als Freund, der einem immer zuhört, um zusammen mit dem Hund draußen zu sein.

3 Die Tierheime sind regelmäßig in den Sommerferien überfüllt. Informiere dich über die Gründe. Stelle Vermutungen an, wie dies zu verhindern wäre.
Bei der Planung des Urlaubs wurde nicht berücksichtigt, wie Hund oder Katze in der Urlaubszeit untergebracht werden können. Oft sind Haustiere in den Ferienwohnungen oder Hotels nicht erlaubt, und die Tierhalter haben sich nicht um eine angemessene Pflegestelle für ihr Haustier gekümmert. Auch bedenken manche Menschen bei der Reiseplanung nicht, dass Flugreisen mit Haustieren sehr problematisch sind. Nun wird das Tier entweder ausgesetzt oder beim Tierheim abgegeben. Wenn man sich frühzeitig nach Unterbringungsmöglichkeiten am Urlaubsort umschaut, die auch Haustiere zulassen, kann man sein Tier mit in den Urlaub nehmen. Ist das nicht gewünscht oder aufgrund einer Flugreise schwierig, sollte man sich um eine Pflegestelle bei Bekannten oder einen Platz in einer Tierpension bemühen.

Seite 53

1 Das Tierschutzgesetz regelt auch den Transport von Tieren. Führe eine Recherche durch, welche Regelungen für den Transport von Schlachtvieh getroffen wurden.
Das Tierschutzgesetz (TierSchG) regelt den Umgang mit Tieren allgemein, also auch mit Nutztieren.
In §1 TierSchG wird festgelegt: »Niemand darf einem Tier ohne vernünftigen Grund Schmerzen, Leiden oder Schäden zufügen.«
Das Tierschutzgesetz ermächtigt in §2a das Bundesministerium für Ernährung, Landwirtschaft und Verbraucherschutz, die Beförderung von Tieren zu regeln, also Vorschriften z. B. über die Transportfähigkeit oder Transportmittel für Tiere sowie über das Verladen und die Unterbringung von Tieren zu erlassen.
Besonders problematisch ist die Einfuhr und Ausfuhr von Wirbeltieren in Nicht-EU-Länder. Dies wird durch §12 und §13 TierSchG geregelt.
Nach §16 TierSchG müssen Betriebe, die Tiertransporte durchführen, durch die zuständige Behörde beaufsichtigt werden. Für die Transportdauer und die Entfernungen, über die Schlachtvieh transportiert werden darf, gelten besondere, genau einzuhaltende Bestimmungen.

2 In manchen Kinderzimmern werden Landschildkröten gehalten. Beurteile dies.
Landschildkröten sind Wildtiere, auch wenn sie in menschlicher Obhut sind. Ein häufiges Hochnehmen, Betrachten und Streicheln erzeugt bei ihnen starken Stress, der sich ungünstig auf ihren Gesundheitszustand auswirkt. Ihre bevorzugte Körpertemperatur beträgt 30 bis 35 °C. Sie sind wechselwarm; ihre Körpertemperatur entspricht etwa der Umgebungstemperatur. In ihrer natürlichen Umwelt lassen sie sich oft durch die Sonne aufwärmen. Solche Bedingungen sind in einer menschlichen Wohnung außerhalb eines beheizten Terrariums nicht möglich. Zu ihrem natürlichen Jahresrhythmus gehört im Winter ein Ruhezustand, die Winterstarre. Auch dies kann in menschlichen Wohnungen nicht eingehalten werden. Eine artgerechte Tierhaltung in einem Kinderzimmer ist deshalb bei Landschildkröten nicht möglich.

3 Nenne Gründe, warum Tiere in einem Zoo gehalten werden sollten. Diskutiere deine Meinung in der Klasse und erstelle ein Werbeplakat für einen fiktiven Zoo.
Ein Zoo hat in erster Linie einen Bildungsauftrag: Die Besucher sehen Tierarten aus der Nähe, die sie sonst nur aus Büchern oder aus Film und Fernsehen kennen. Dabei erhalten sie auch Informationen zur Lebensweise dieser Tiere und über eine eventuelle Gefährdung.
Im Zoo können Tiere leicht beobachtet, gefilmt und wissenschaftlich untersucht werden. Für Tierarten, die vom Aussterben bedroht sind, werden Artenschutz- und Zuchtprogramme durchgeführt. Verläuft ein Zuchtpro-

gramm erfolgreich, können Tiere sogar wieder in die freie Wildbahn ausgesetzt werden. Daneben engagieren sich auch die Zoos für die Erhaltung des Lebensraums der bedrohten Tiere.

Manche Tierschützer sind gegen die Arbeit von Zoos und Tierparks. Sie argumentieren damit, dass die Tiere in Zoos nicht artgerecht gehalten werden können und deshalb zu Krankheiten neigen. Vor allem wird jedoch kritisiert, dass durch die Zuchtprogramme in die natürliche Fortpflanzung der Tiere eingegriffen wird. Für überflüssige Tiere würde dies bedeuten, dass sie das Zuchtprogramm stören und deshalb getötet werden.

Seite 54

A1 Schädelvergleich

a) Ordne die Abbildungen A bis C den drei Säugetierarten Ziege, Katze und Hausschwein zu. Nenne die jeweiligen Gebisstypen.

A: Katze; B: Hausschwein; C: Ziege.

A: Raubtiergebiss; B; Allesfressergebiss; C: Pflanzenfressergebiss

b) Vergleiche in einer Tabelle Struktur und Funktion der Zahnformen und der Gebisse.

	Katze	Wildschwein	Ziege
Scheidezähne in Ober- und Unterkiefer (OK; UK)	OK + UK: je 3 Funktion: Zerbeißen von Fleisch	OK + UK: je 6, schräg nach vorn stehend Funktion: Gras zupfen	OK: verhornte Kauplatte UK: 3, nach vorn stehend Funktion: Gras zupfen
Eckzähne	OK + UK: je 1, lang, spitz Funktion: Beutefang (Fangzahn)	OK + UK: je 1 großer Funktion: Umwühlen der Erde; Fleisch reißen (Hauer)	OK: fehlt UK: fehlt
Backenzähne	OK + UK: je 4 scharfkantig Funktion: Zerreißen von Fleisch (Reißzähne)	OK + UK: vorn: 4, scharfkantig; Funktion: Fleisch beißen + reißen; hinten: 3, stumpf; Funktion: Zermahlen von pflanzlicher Nahrung (Mahlzähne)	OK + UK: je 6 rau, großflächig Funktion: Zermahlen von pflanzlicher Nahrung (Mahlzähne)
Funktion des Gebisses	Beutefang, Fleisch zerreißen und zerbeißen	Gras abrupfen und zermahlen; Fleisch zerreißen und zerbeißen	Gras abrupfen und zermahlen

A2 Milch und ihre Bedeutung
Formuliere eine begründete Hypothese, weshalb Kuhmilch und Muttermilch einen unterschiedlichen Eiweißanteil aufweisen.

Kuhmilch und Muttermilch haben einen unterschiedlichen Eiweißanteil, da sie unterschiedlich viel Energie zum Wachstum benötigen. Kühe sind Nestflüchter und können schon kurz nach der Geburt laufen. Zudem sind Kühe nach etwa zwei Jahren ausgewachsen und wiegen dann zwischen 500 bis 1200 kg.

Menschen dagegen wachsen langsamer und sind keine Nestflüchter, weshalb sie weniger energiereiche Nahrung zum Wachstum benötigen. [Zudem kann zuviel Eiweiß bei Kindern zu Nierenschäden führen.]

A3 Trittsiegel
Die Abbildung zeigt die Fußabdrücke, auch Trittsiegel genannt, der Säugetierarten Hund, Katze, Rind, Pferd und Schwein. Ordne sie den entsprechenden Tierarten zu und begründe die Zuordnung.

A: Hund; B: Schwein; C: Pferd; D: Katze; E: Rind
Begründung:

A: Der Hund ist Zehengänger und tritt nur mit den Ballen auf. Erkennbar sind auch die Abdrücke der Krallen, die er nicht einziehen kann.

B: Das Schwein läuft auf den Zehenspitzen. Das Trittsiegel zeigt, dass zwei Zehen besonders stark ausgeprägt sind. Das Schwein ist ein Paarhufer.

C: Beim Pferd ist nur die mittlere Zehe kräftig ausgebildet. Sie ist von einem Huf aus Horn ummantelt, mit dem das Pferd auftritt. Das Pferd ist ein Zehenspitzengänger und wird als Unpaarhufer bezeichnet.

D: Die Katze tritt – wie der Hund – mit den Ballen auf. Ihr Trittsiegel zeigt aber keine Krallenabdrücke, da sie die Krallen einziehen kann.

E: Das Trittsiegel zeigt einen paarigen Huf. Beim Rind sind an jedem Fuß zwei Finger besonders kräftig entwickelt und an der Spitze jeweils von einer Klaue aus Horn umgeben. Das Rind ist ein Paarhufer. Beim Auftreten auf den Boden spreizen sich die Klauen auseinander.

A4 Fortbewegungsweise von Säugetieren
a) Ordne die Beinskelette den Säugetierarten Hund, Bär und Pferd zu.
A: Bär; B: Hund; C: Pferd
b) Benenne die Knochen, die sich jeweils zwischen den Linien 1 bis 6 befinden, und vergleiche ihre Lage zueinander.
1 – 2: Oberschenkelknochen;
2 – 3: Unterschenkelknochen;
3 – 4: Fußwurzelknochen mit Fersenbein;
4 – 5: Mittelfußknochen;
5 – 6: Zehenknochen.
Die Zehenknochen, Fußmittel- und Fußwurzelknochen liegen beim Bär waagerecht auf dem Boden auf, denn er ist Sohlengänger, d. h. er tritt mit der ganzen Sohle auf. Die Beinlänge des Bärs wird durch die Länge der Ober- und Unterschenkelknochen bestimmt.
Der Hund tritt mit den Zehen auf, sodass seine Mittelfußknochen bereits senkrecht stehen, was die Beinlänge insgesamt vergrößert.
Das Pferd tritt nur mit dem Huf auf. Die Zehenknochen stehen bereits aufrecht. Die Mittelfußknochen sind stark verlängert, sodass der Fuß länger ist als der Unterschenkel des Pferdes und leicht mit diesem verwechselt werden kann.
c) Sohlengänger wie der Mensch berühren beim Gehen den Boden mit dem ganzen Fuß. Erkläre die Fortbewegungsweise der abgebildeten Säugetierarten.
Die Aufrechtstellung der Mittelfußknochen des Hundebeins ermöglicht dem Hund das Laufen auf den Zehenballen. Er ist Zehengänger. Das Pferd als Zehenspitzengänger tritt nur mit dem Huf der mittleren, kräftig ausgebildeten Zehe auf. Der Bär tritt mit der gesamten Fußsohle auf und ist wie der Mensch ein Sohlengänger.

Seite 55

A5 Verdauung bei Säugetieren
a) Die Abbildungen A bis C zeigen den Darm der Säugetierarten Katze, Rind und Schwein. Ordne die Abbildungen den entsprechenden Tierarten zu und begründe deine Zuordnung.
A: Katze; B: Schwein; C: Rind
Die Katze frisst eiweißstoffreiche, tierische Nahrung, die leicht abgebaut werden kann. Daher ist ihre Darmlänge sehr kurz. Das Schwein frisst sowohl tierische als auch pflanzliche Nahrung. Da pflanzliche Nahrung nur schwer aufgeschlossen werden kann, braucht das Schwein einen längeren Darm als die Katze. Das Rind frisst ausschließlich Pflanzen und braucht daher einen sehr langen Darm.

b) Vergleiche Ernährung und Verdauung bei Rind und Pferd. Erläutere Übereinstimmungen und Unterschiede.
Rinder und Pferde sind Pflanzenfresser. Um die harten Gräser aufzuschließen und zu verdauen, hat ein Rind einen Pansen – einer von vier Mägen. Im Pansen findet die Vorverdauung der Nahrung durch Bakterien statt. Der Pansen kann bis zu 200 Liter fassen. Im Gegensatz zu Pferden sind Rinder Wiederkäuer. Mithilfe des Netzmagens gelangt die Nahrung über die Speiseröhre wieder in das Maul, wird hier wiedergekäut und zerkleinert. Anschließend gelangt sie zunächst wieder in den Pansen, dann in den Blättermagen und den Labmagen, bevor sie im Darm restlos aufgeschlossen wird. Pferde haben zwar keinen Pansen, dafür aber einen wesentlich längeren Blinddarm als Rinder. Hier wird die im Magen eingeweichte Nahrung wie bei den Rindern mithilfe von Bakterien für die Verdauung vorbereitet. Der Blinddarm ist ungefähr einen Meter lang, also deutlich länger als beim Rind und fasst rund 30 Liter Nahrungsbrei. Das ist wesentlich weniger als bei einem Pansen. Daher müssen Pferde häufiger fressen als Rinder.

A6 Brutpflege bei Säugetieren
a) Recherchiere die Brutpflege der Wildschweine und beschreibe sie.
Vor der Geburt der Frischlinge baut die Bache ein Lager im Dickicht des Waldes. Dazu gräbt sie eine Mulde in den Erdboden und überdeckt diese mit herangetragenen Zweigen. Anschließend polstert sie diesen »Wurfkessel« mit Gras aus. Die neugeborenen Jungen sind Nestflüchter und verlassen bei gutem Wetter schon ein bis zwei Tage nach der Geburt für kurze Zeit den Wurfkessel. Die Bache bleibt während der ersten Lebenstage fast ununterbrochen bei den kälte- und nässeempfindlichen Jungtieren im Wurfkessel und wärmt sie. [In nassen und kalten Jahren erfrieren trotzdem sehr viele Jungtiere.] Die Frischlinge werden etwa vier Monate von der Bache gesäugt. Ein bis zwei Wochen nach der Geburt, wenn es im Frühjahr etwas wärmer ist, verlässt die Bache zusammen mit ihren Jungen das Lager für längere Ausflüge und gewöhnt sie an die Futtersuche. Bachen sind in dieser Zeit sehr aggressiv und verteidigen ihre Jungen notfalls energisch. Dabei helfen sie sich auch untereinander. Der Keiler wird in dieser Zeit nicht geduldet.
b) Vergleiche die Jungenaufzucht von Wildschweinen und Katzen.
Wildschweinjunge sind Nestflüchter und können bereits kurz nach ihrer Geburt mit der Bache auf Futtersuche gehen. Sie werden in dieser Zeit noch von der Bache gesäugt, bewacht und verteidigt, sind aber schon recht selbstständig.

Neu geborene Kätzchen sind Nesthocker und hilflos. So sind ihre Augen zunächst noch geschlossen. Sie werden von der Mutter gesäugt, geputzt und gewärmt. Wenn die Jungen sich vom Nest entfernt haben, werden sie von der Katze zurückgetragen. Bis zu ihrer Selbstständigkeit vergehen sechs bis acht Wochen.

c) Stelle in einer Tabelle die beiden Formen der Brutpflege bei Säugetieren gegenüber und nenne jeweils einige Beispiele.

Nesthocker	Nestflüchter
– haben noch geschlossene Augen und können nicht sehen.	– haben geöffnete Augen und können sehen.
– sind hilflos. Bis zu ihrer Selbstständigkeit vergehen 6–8 Wochen.	– sind kurz nach der Geburt selbstständig.
– werden von der Mutter gesäugt, geputzt und gewärmt.	– werden von der Mutter gesäugt und gewärmt.
– müssen von der Mutter im Nest gefüttert werden.	– können bereits kurz nach ihrer Geburt auf Futtersuche gehen.
– werden von der Mutter bewacht und verteidigt.	– werden von der Mutter bewacht und verteidigt.
– finden oft nicht allein zum Nest zurück, sondern müssen von der Mutter zurückgetragen werden.	– finden meist allein zum Nest zurück.
– können bei Gefahr nicht selbst fliehen, sondern müssen von der Mutter getragen werden.	– können bei Gefahr selbst fliehen.
Beispiele: Katzen, Hunde, Mäuse, Menschen...	Beispiele: Rinder, Pferde, Schweine, Wale...

A7 Dressur von Säugetieren

a) Tiger sind natürliche Feinde der Pferde. Stelle Überlegungen an, welche Verhaltensweisen den beiden Tieren in der Abbildung addressiert werden mussten, um diese Zirkusnummer zu ermöglichen.

Tiger sind Raubtiere. Sie würden unter natürlichen Lebensbedingungen Pferde als Beute betrachten und diese jagen und fressen. Dieses Jagdverhalten musste dem Tiger addressiert werden, damit er das Pferd während des Ritts nicht anfällt.

Das Pferd würde unter natürlichen Lebensbedingungen vor dem Tiger flüchten. Dieses Fluchtverhalten musste dem Pferd addressiert werden. Es musste langsam an den Anblick des Tigers gewöhnt werden und lernen, dass von diesem Zirkustiger keine Gefahr ausgeht.

b) Säugetiere eignen sich unterschiedlich gut zur Dressur. So lassen sich Katzen nur schlecht abrichten, Pferde dagegen gut. Stelle eine begründete Vermutung auf.

Katzen sind Einzelgänger und sind es nicht gewöhnt, sich einem ranghöheren Lebewesen oder einem Menschen unterzuordnen. Pferde dagegen leben in Herden mit einer Rangordnung. Daher ordnen sie sich unter und gehorchen nach der Dressur auf Befehle.

A8 Eier legende Wollmilchsau

a) Die Abbildung zeigt ein Fabeltier, das die positiven Eigenschaften einiger Nutztiere des Menschen in sich vereint. Nenne die Eigenschaften dieses Fabeltieres, die der Mensch nutzen könnte.

[Vor der Bearbeitung dieser Aufgabe könnte von den Schülerinnen und Schülern als Hausaufgabe oder parallel im Kunstunterricht eine Eier legende Wollmilchsau oder ein anderes Fabeltier gemalt werden.]

Dieses Fabeltier könnte Eier legen wie ein Huhn, hätte einen behaarten Leib wie ein Schaf, lieferte so viel Fleisch wie ein Schwein und gäbe Milch wie eine Kuh. Ein Mensch könnte sich von diesem Tier ernähren und einkleiden.

Eierlegende Wollmilchsau – Schülerzeichnungen der Klasse 5c des Gymnasiums Hamburger Straße Bremen:

Edgar Patzel, 11 Jahre

Jenny Wilkens, 11 Jahre

Mia Teschner, 11 Jahre

Louisa Smolski, 11 Jahre

Laura Kuhn, 11 Jahre

b) Stelle Überlegungen an, ob die Züchtung eines solchen Tieres möglich wäre.
Nein, die Züchtung eines solchen Tieres ist nicht möglich. Rind, Schwein und Schaf sind zwar alles Säugetiere, gehören aber zu verschiedenen Tierarten, die sich untereinander nicht kreuzen lassen – schon gar nicht mit einem Vogel.

7 Wildlebende Säugetiere sind an ihre Lebensräume angepasst

Seite 57

1 Erläutere die Unterschiede zwischen Winterruhe und Winterschlaf.
Während der Winterruhe verbringen die Tiere die kalte Jahreszeit überwiegend ruhend. Diese Ruhephasen unterscheiden sich in der Regel nicht grundsätzlich von denen der sommerlichen Aktivitätsphase, das heißt Körpertemperatur, Herz- und Atemfrequenz sind nur geringfügig erniedrigt. Die Ruhephasen fallen im Winter nur länger aus als während der restlichen Jahreszeit. Weil der Stoffwechsel während der Winterruhe nur etwas zurückgefahren wird, müssen die Tiere auch während der Winterruhe Nahrung zu sich nehmen.
Bei Tieren, die Winterschlaf halten, fallen Körpertemperatur, Atem- und Herzfrequenz stark ab und der Stoffwechsel verändert sich grundlegend, denn während des Winterschlafes dürfen keine giftigen Stoffwechselprodukte entstehen, die die Tiere nicht ausscheiden können, weil sie schlafen. Wegen des grundlegend veränderten Stoffwechsels müssen Tiere während des Winterschlafes keine Nahrung aufnehmen.

2 Vergleiche das Gebiss des Maulwurfs mit dem einer Katze.
Die Zahnformel des Maulwurfsgebisses lautet:
$$\frac{3 \cdot 1 \cdot 4 \cdot 3}{3 \cdot 1 \cdot 4 \cdot 3}$$
Die Zahnformel der Katze lautet:
$$\frac{3 \cdot 1 \cdot 3 \cdot 1}{2 \cdot 1 \cdot 2 \cdot 1}$$
Maulwürfe besitzen deutlich mehr Zähne (44) als Katzen (28). Die Zähne des Maulwurfs sind klein und durchweg spitz. Mit ihnen kann sich bewegende Beute gut festgehalten und zerbissen werden. Solch ein Gebiss ist kennzeichnend für die Ordnung der Insektenfresser. Die Katze hingegen gehört zu den Raubtieren. Sie hat einen ähnlichen Gebisstyp wie der Maulwurf. Raubtiere müssen ihre Beute zuerst fangen und festhalten. Dies gelingt durch besonders kräftig ausgebildete Eckzähne, die Fangzähne. Das Zerkleinern der Beute geschieht mit ebenfalls kräftig ausgebildeten Backenzähnen, den Reißzähnen.

Seite 59

1 **Erläutere die Angepasstheiten von Fledermäusen an ihren Lebensraum und erläutere die jeweiligen Vorteile.**

Fledermäuse haben wie Vögel Flügel, durch die sie an das Fliegen angepasst sind. Allerdings werden diese Flügel nicht durch Federn gebildet, sondern durch Häute, die zwischen den Fingerknochen und dem Körper gespannt sind. [Im Gegensatz zu den Vögeln sind die Röhrenknochen der Fledermäuse massiv]. Ähnlich wie bei den Vögeln weist auch das Skelett der Fledermäuse Versteifungen auf, die den Kräften beim Fliegen entgegenwirken. Dies ist besonders deutlich im Schulter- und Beckenbereich zu erkennen. [Fledermäuse haben genauso wie Vögel ein gekieltes Brustbein als Ansatzstelle für Flugmuskulatur]. Das Gebiss mit den vielen spitzen Zähnen erlaubt den Fledermäusen das schnelle Zupacken und Festhalten ihrer bevorzugten Beute, von fliegenden Insekten. Mit den bekrallten Beinen können Fledermäuse sich gut an rissigen Wänden und Decken festhalten. Fledermäuse müssen so nicht vom Boden los fliegen. Dies ist ein Vorteil, weil sie sich dort nur recht unbeholfen fortbewegen können und Fressfeinden relativ ungeschützt ausgeliefert sind. Fledermäuse sind durch ihre Ultraschallortung an das Fliegen in der Dämmerung und bei Nacht angepasst. Während dieser Zeit haben sie keine Nahrungskonkurrenten, da die Insekten jagenden Vögel auf das Tageslicht angewiesen sind.

2 **Erläutere das Aufspüren von Beutetieren durch eine Fledermaus und stelle es als Angepasstheit heraus.**

Fledermäuse jagen Insekten, die sie während der Dämmerung im Flug erbeuten. Dabei orientieren sie sich nicht mit den Augen, die relativ klein sind, sondern über Ultraschall. Dazu stoßen die Fledermäuse während des Fluges laufend Ultraschall-Schreie aus. Diese werden reflektiert, wenn sie auf Gegenstände oder Beutetier treffen. Die Fledermäuse nehmen die reflektierten Ultraschall-Schreie mit ihren großen Ohrmuscheln auf. Aus dem zeitlichen Abstand zwischen dem Ausstoßen der Rufe und dem Eintreffen des Echos berechnen die Fledermäuse den Abstand und können die Insekten erbeuten. Die großen Ohrmuscheln ermöglichen also das Auffangen des Ultraschall-Echos.

Seite 61

1 **Vergleiche die Skelette von Seehund und Schweinswal anhand der Abbildungen. Stelle Zusammenhänge zwischen Struktur und Funktion her.**

Der Schädel des Schweinswales ist deutlich schnauzenförmiger als der des Seehundes. Dafür hat dieser eine deutlich ausgeprägte Halswirbelsäule, während die des Wales sehr kurz ist. Beim Seehund sind Ober- und Unterarmknochen deutlich ausgeprägt, während sie beim Schweinswal viel kürzer sind. Die unteren Rippen des Schweinswals enden auf der Bauchseite frei, das Brustbein ist sehr kurz. Bei den Seehunden gibt es ein deutlich ausgeprägtes Brustbein. Im weiteren Verlauf besteht das Skelett des Schweinswales nur noch aus der Wirbelsäule. Der Beckengürtel ist zu einem minimalen Rest reduziert, die Hinterextremitäten gibt es gar nicht mehr. Bei den Seehunden sind die Hinterextremitäten und das Becken genauso ausgeprägt wie der Schultergürtel.

2 **Nenne die Angepasstheiten des Seehundes und des Schweinswales an ihre Lebensweise.**

Beide Lebewesen haben eine spindelförmige Gestalt. Die Vorderextremitäten des Schweinswals sind zu Flossen umgestaltet. Dabei bilden die einzelnen Finger eine gemeinsame Oberfläche. Die Vorderextremitäten des Seehundes zeigen den üblichen Aufbau mit fünf Fingern. [Zwischen den einzelnen Fingern befinden sich Schwimmhäute].

Schweinswale können ihre Umgebung mit Hilfe von Ultraschallwellen abtasten.

Beide Tierarten haben eine dicke Speckschicht. Diese schützt sie vor Auskühlung im Wasser.

3 **Vergleiche die Bewegungsweise von Seehund und Schweinswal.**

Beide Tiere haben eine spindelförmige Gestalt, durch die der Wasserwiderstand vermindert wird. So können sich die Tiere im Wasser schnell fortbewegen.

Schweinswale haben keine sichtbaren Hinterextremitäten. Sie erzielen den Vortrieb mit der waagerechten Schwanzfluke, die sie durch Beugen der Wirbelsäule auf und ab bewegen. Durch die Verbreiterung der Fluke kann mehr Wasser verdrängt und die Geschwindigkeit gesteigert werden. Die Rückenfinne stabilisiert den Körper seitlich, mit den Vorderextremitäten steuert der Schweinswal.

Der Seehund hat hingegen voll ausgebildete Hinterextremitäten. Er erzielt den Vortrieb mit den rückwärts gerichteten Hinterbeinen, die mit den Fußsohlen zueinander zeigen. Schlägt der Seehund die Füße kräftig zusammen, erzeugt er den nötigen Vortrieb. Die Finger und Zehen sind durch Schwimmhäute miteinander verbunden, was die Wasserverdrängung zusätzlich erhöht.

Seite 63

1 Beschreibe die Unterschiede zwischen Winterruhe und Winterschlaf.

Während der Winterruhe verbringen die Tiere die kalte Jahreszeit überwiegend ruhend. Diese Ruhephasen unterscheiden sich in der Regel nicht grundsätzlich von denen der sommerlichen Aktivitätsphase, das heißt Körpertemperatur, Herz- und Atemfrequenz sind nur geringfügig erniedrigt. Die Ruhephasen fallen im Winter nur länger aus als während der restlichen Jahreszeit. Weil der Stoffwechsel während der Winterruhe nur etwas zurückgefahren wird, müssen die Tiere auch während der Winterruhe Nahrung zu sich nehmen.

Bei Tieren, die Winterschlaf halten, fallen Körpertemperatur, Atem- und Herzfrequenz stark ab und der Stoffwechsel verändert sich grundlegend, denn während des Winterschlafes dürfen keine giftigen Stoffwechselprodukte entstehen, die die Tiere nicht ausscheiden können, weil sie schlafen. Wegen des grundlegend veränderten Stoffwechsels müssen Tiere während des Winterschlafes keine Nahrung aufnehmen.

2 Beurteile die Überwinterungsmethoden »Winterschlaf« und »Wachbleiben« nach ihren Vor- und Nachteilen.

Die Überwinterungsmethode Winterschlaf hat den Vorteil, dass die Tiere in der problematischen Jahreszeit Winter nicht aktiv sind. Somit verbrauchen sie nur sehr wenig Energie und sind nicht auf Nahrungsaufnahme angewiesen. Gleichzeitig können Sie aber ihre Umwelt nicht wahrnehmen. So sind sie eventuell auftretenden Gefahren hilflos ausgeliefert.

Großsäuger, die während des Winters wach bleiben, haben zwar einerseits das Problem, ausreichend Nahrung zu beschaffen, andererseits können sie bedrohliche Veränderungen in der Umwelt wahrnehmen und entsprechend reagieren.

8 Viele Tierarten sind bedroht

Seite 64

1 Erläutere die Aspekte, die bei der Wiederansiedlung von Luchsen berücksichtigt werden mussten.

[Früher war es völlig normal, dass auch Raubtiere in direkter Umgebung des Menschen gelebt haben und der Mensch entsprechende Risiken tragen musste. Heute sind größere Raubtiere in Deutschland ausgerottet und die Menschen haben sich daran gewöhnt, dass es dieses Risiko nicht mehr gibt. Deshalb müssen mit vielen verschiedenen Bevölkerungsgruppen Diskussionen geführt werden. Nachfolgend sind einige Beispiele genannt.]

Tourismusindrustrie: Potenzielle Urlauber könnten sich von den Luchsen bedroht fühlen und den Harz zukünftig als Urlaubsort meiden. Hier hilft eine vernünftige Aufklärungspolitik: Luchse sind so klein, dass sie Menschen nicht gefährlich werden. Außerdem sind sie in der Regel extrem menschenscheu, sodass Wanderer Luchse normalerweise nicht zu Gesicht bekommen dürften. Andererseits kann man das Auswilderungsprojekt zum Beispiel mit einem Schaugehege sogar touristisch nutzen, und so noch mehr Touristen in den Harz locken.

Landwirtschaft: Es bleibt ein gewisses Risiko, dass Luchse kleinere Nutztiere wie Schafe oder Ziegen auf einsameren Weiden reißen können. In diesem Fall sollten betroffene Personen entschädigt werden.

Jäger: Luchse sind Raubtiere und ernähren sich hauptsächlich von Rehen. Durch einen zunehmenden Luchsbestand verringert sich die Anzahl der Rehe pro Revier. Dies führt zu geringeren Abschussquoten, was den Jagdpächtern natürlich missfällt. Außerdem spüren Rehe den höheren Feinddruck und werden insgesamt vorsichtiger oder wandern aus Revieren ab, die von einem Luchs bewohnt werden.

Naturschutz: Aus Sicht von Biologen ist es durchaus wünschenswert, natürliche Räuber einzuführen und die bestehenden Ökosysteme ein Stück natürlicher zu gestalten.

[Bei ausreichend Zeit kann man diese Aufgabe auch nach einer entsprechenden Vorbereitung in Gruppenarbeit als Rollenspiel bei einer Podiumsdiskussion bearbeiten lassen.]

2 Bewerte Pläne zur Wiedereinführung von Braunbären in den deutschen Alpen.

Anders als bei der Einbürgerung der Luchse dürfte man bei der Wiedereinführung von Bären auf Widerstand in der Bevölkerung stoßen. Denn im Gegensatz zu den Luchsen können Braunbären Menschen gefährlich werden und diese sogar töten. Immer wieder wird über so genannte »Problembären« berichtet, die die Nähe der Menschen suchen und Haus- und Nutztiere reißen oder Bienenstöcke ausräumen. Ein Großteil der Bevölkerung dürfte heute nicht mehr bereit sein, das Risiko einzugehen, auf einer Wanderung von einem Bären angefallen zu werden.

[In früheren Zeiten wie beispielsweise im Mittelalter mussten die Menschen selbstverständlich mit diesem Risiko leben. Heute gibt es beispielsweise auch den Beruf des Viehhirten nicht mehr und es ist normal, Nutzvieh unbeaufsichtigt auf einer Weide zu lassen. Das war und ist bei Anwesenheit von Wölfen und Bären natürlich undenkbar.]

Seite 65

1 Erstelle einen Steckbrief zu Haselmaus oder Nerz.

Name: **Haselmaus** *(Muscardinus avellanarius)*
Verwandt mit: Garten-, Baum-, Siebenschläfer; Familie Bilche
Vorkommen: in ganz Europa mit Ausnahme von Spanien, Portugal sowie Teilen Skandinaviens und Großbritanniens; im westlichen Asien bis zur Wolga
Körpermaße: etwa 7 cm lang, wiegt zwischen 15 und 40 Gramm
Aussehen: orangebraunes Fell, weißer Fleck an der Kehle, große, schwarze Knopfaugen, 6 cm langer, dicht behaarter Schwanz
Lebensraum: Laub- und Mischwälder mit artenreichem Unterwuchs, Waldränder, Hecken
Lebensweise: sehr scheu, dämmerungsaktiv; geschickte Kletterer; ernähren sich von Knospen, Früchten, Samen, Insekten, Schnecken, manchmal auch Vogeleier
Besonderheiten: verbringen im Sommer den Tag in kleinen, aus Gras und Zweigen gebauten Kugelnestern, manchmal auch in Vogelnistkästen; zwischen Oktober und April Winterschlaf in frostsicheren Höhlen oder in der Laubstreu

Name: **Europäischer Nerz** *(Mustela lutreola)*
Verwandt mit: Amerikanischer Nerz (= Mink, *Neovison vison*)
Vorkommen: kleine Restvorkommen im Grenzgebiet zwischen Frankreich und Spanien, in einigen Flussgebieten Osteuropas und Russlands; in Deutschland ausgestorben
Körpermaße: Männchen etwa 55 cm, Weibchen 47 cm; Körpergewicht: 900 g bzw. 615 g
Aussehen: dichtes, dunkelbraunes Fell, Schwimmhäute an den Füßen
Lebensraum: schnell fließende Bäche und Flüsse
Lebensweise: ernährt sich von Fischen, Krebsen, Insekten, Vögeln und Kleinsäugern; hervorragender Schwimmer und Taucher; Einzelgänger
Besonderheiten: Fell war früher außerordentlich begehrt (»Nerzmantel« als Statussymbol); vom Aussterben bedroht

Seite 66

1 Gestaltet in der Gruppe ein Informationsplakat zum Thema »Wiedereinbürgerung von Säugetieren«.
[Für die Gestaltung des Plakates gibt es viele Möglichkeiten. In einem vorbereitenden Gespräch sollten die Schülerinnen und Schüler auf bestimmte Schwerpunkte hingewiesen werden. Nach Möglichkeit sollten Informationen gesammelt werden, die über die im Lehrbuch vorgestellten Inhalte hinaus gehen oder diese weiter vertiefen. Dabei bietet sich gruppenteilige Arbeit an, die verschiedene Facetten der Wiedereinbürgerung von Säugetieren herausarbeiten könnte. In der Auswertung sollten die Plakate von den Gruppenmitgliedern vorgestellt werden.]

Seite 67

1 Beschreibe den in Tabelle 1 dargestellten Zusammenhang.

Die Körpertemperatur des Igels bewegt sich auf zwei konstanten Höhen. In den wärmeren Monaten von April bis Oktober liegt sie bei gleichmäßig 35 Grad Celsius, denn der Igel ist als typisches Säugetier gleichwarm. In den kälteren Monaten von Dezember bis Februar liegt die Körpertemperatur während des gesamten Winterschlafs bei sechs Grad Celsius. Im März und November werden etwas höhere Werte gemessen, da der Igel entweder in den Winterschlaf fällt oder aus ihm aufwacht.
Der Verlauf der Umgebungstemperatur ist nicht so gleichmäßig wie der der Körpertemperatur. Im Januar liegt sie bei minus zwei Grad Celsius unter dem Gefrierpunkt und steigt dann in den nächsten drei Monaten gleichmäßig auf 17 Grad Celsius an. Von März bis August erfolgt wiederum ein gleichmäßiger, aber langsamer Anstieg auf 25 Grad Celsius. In den nächsten drei Monaten fällt die Temperatur gleichmäßig ab auf acht Grad Celsius, bleibt im Dezember bei sieben Grad Celsius relativ gleich und fällt zum Januar noch einmal auf den Tiefstwert von minus zwei Grad Celsius.
Solange es relativ warm bleibt (die Umgebungstemperatur liegt über 15 Grad Celsius), beträgt die Körpertemperatur des Igels gleichmäßig 35 Grad Celsius. [In dieser Phase ist der Energieverlust durch den Temperaturgradienten für den Igel offensichtlich noch tolerierbar.] Sinkt die Umgebungstemperatur unter diesen Wert, fällt der Igel in Winterschlaf, die Körpertemperatur wird auf sechs Grad Celsius abgesenkt.]

9 Säugetiere lassen sich ordnen

Seite 69

1 Erstelle für Gepard, Leopard, Puma, Löwe, Jaguar und Serval einen Ordner entsprechend dem der Paarhufer.

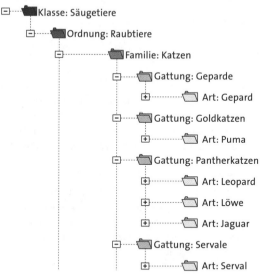

Wissen vernetzt – Säugetiere in ihren Lebensräumen

Seite 72

A1 Eichhörnchen und Baummarder
a) Vergleicht Schädel und Zähne dieser beiden Tierarten und zieht sinnvolle Schlussfolgerungen.
Die Schädel von Eichhörnchen und Baummarder sind in ihrem Grundaufbau recht ähnlich; es handelt sich in beiden Fällen um Säugetiere. Jedoch sind die Zähne sehr unterschiedlich gestaltet. Beim Eichhörnchen fallen in Ober- und Unterkiefer die beiden großen Schneidezähne auf, die als Nagezähne bezeichnet werden. Dahinter folgt eine große Zahnlücke. Die Eckzähne fehlen. Die Backenzähne sind sehr ähnlich und tragen flache Zahnkronen. Dies weist auf ihre Nahrung hin, die vorwiegend aus Beeren, Pilzen, Samen und Früchten besteht.
Das Gebiss des Baummarders ist mit seinen vielen spitzen Zähnen gut zum Festhalten von Beutetieren geeignet. Besonders auffällig sind die Eckzähne und die Reißzähne. Es handelt sich um ein typisches Raubtiergebiss. Baummarder ernähren sich von kleinen Vögeln und Säugetieren, darunter auch Eichhörnchen.

b) Stellt in der Gruppe Überlegungen an, inwieweit diese beiden Tierarten verwandt sein können.
Innerhalb der Gruppe der Säugetiere gehören Eichhörnchen und Baummarder trotz der Ähnlichkeiten im Körperbau und der Bewegungsweise verschiedenen Tierordnungen an. Dies lässt sich vor allem aus dem Bau des Gebisses und der Ernährungsweise ableiten. Eichhörnchen sind vorwiegend Pflanzenfresser und gehören zu den Nagetieren. Die Marder sind Fleischfresser und bilden eine eigene Familie innerhalb der Ordnung der Raubtiere.

A2 Schweinswale verändern sich
a) Beschreibe die dargestellten Kurvenverläufe.
Die Diagramme zeigen die Zusammenhänge zwischen Bauchumfang, Speckdicke und Wassertemperatur und der Jahreszeit. Die Kurvenverläufe zeigen ein regelmäßiges Auf und Ab.
Der Bauchumfang ist in den Monaten Januar, Februar und März um rund zehn Zentimeter größer als in den Monaten August bis November.
Die Speckdicke ist im Februar um bis zu 20 Millimeter größer als in den Monaten August bis November.
Die Wassertemperatur liegt im Juli und August um zehn Grad Celsius höher als im Januar bis März.
b) Stelle begründete Vermutungen über die Zusammenhänge an, die zwischen Bauchumfang, Speckdicke und Wassertemperatur bestehen.
Dann, wenn das Wasser im Winter besonders kalt ist, sind die Speckdicke und der Bauchumfang der Schweinswale besonders groß. Wenn das Wasser im Hochsommer besonders warm ist, sind Speckdicke und der Bauchumfang der Schweinswale am kleinsten.
c) Erläutere inwiefern die jährlichen Veränderungen des Körpers der Schweinswale eine Angepasstheit darstellen.
Schweinswale sind gleichwarm, das heißt, sie haben unabhängig von der Umgebungstemperatur eine gleich bleibende Körpertemperatur von etwa 37 Grad Celsius. Wasser ist ein guter Wärmeleiter, sodass Schweinswale Körperwärme an die Umgebung verlieren. Je größer der Unterschied zwischen der Körperwärme und der Umgebungswärme ist, desto mehr Wärme verlieren die Schweinswale. Deshalb haben die Schweinswale einen Vorteil, die den Wärmeverlust im Winter einschränken können. Dabei erweist sich eine dickere Speckschicht als nützlich, weil Fett wärmeisolierend wirkt. Wenn die Speckschicht dicker wird, nimmt natürlich auch der Bauchumfang zu.

Seite 73

A3 Wiedereinbürgerung von Wölfen

a) Erkläre, welche Voraussetzungen Menschen für die Wiederansiedlung von Wölfen schaffen müssen.

Die wichtigste Voraussetzung ist, dass Menschen bereit sind, Wölfe in ihrer Nähe zu dulden. Viele Menschen haben Angst vor Wölfen, weil sie befürchten, von ihnen angefallen zu werden.

Außerdem muss den Wölfen ein Gebiet zur Verfügung stehen, in dem sie sich einerseits ungehindert bewegen können, denn Wölfe sind sehr scheue Tiere. Andererseits müssen in diesem Gebiet auch ausreichend mögliche Beutetiere leben, sodass die Wölfe sich ernähren können.

b) Erläutere, weshalb die Wiederansiedlung von Wölfen in Bezug auf die Artenvielfalt kontrovers diskutiert wird.

Wölfe waren ursprünglich über ganz Europa verbreitet, wurden aber durch den Menschen ausgerottet. Sie gehören somit zur ursprünglichen Tierwelt und ihre Wiederansiedlung würde die derzeitige Tierwelt Europas vielfältiger werden lassen.

Andererseits sind Wölfe Fleischfresser und ernähren sich dementsprechend von Beutetieren, die sie erjagen. Deshalb werden sie unter anderem auch Tiere wie Gämsen oder Steinböcke erjagen, die durch menschliche Einflüsse seltener geworden sind und somit die Artenvielfalt weiter einschränken.

A4 Wollhaarmammut und Elefant

a) Vergleiche den Körperbau und wichtige Körpermerkmale von Mammut und Elefant. Erstelle eine Tabelle.

Merkmal	Mammut	Afrik. Elefant	Ind. Elefant
Schulterhöhe	bis etwa 3,5m	bis etwa 4m	bis etwa 3m
Fell	zottelig, dunkelbraun oder rotbraun	kein Fell, nur spärliche Haare	
Ohren	klein	sehr groß	relativ groß
Stoßzähne	bis 3,5m lang, stark gebogen	bis 3m, wenig gebogen	kurz, wenig gebogen
Nahrung	Gras, Moos, Wurzeln	Gras, Äste, Laub, Früchte, Baumrinde	

b) Stelle begründete Vermutungen über die Lebensbedingungen in den Lebensräumen von Mammut und Elefant an. Erläutere, inwiefern die Körperbedeckung und die Größe der Ohrmuscheln Angepasstheiten an den jeweiligen Lebensraum darstellen.

Das Wollhaarmammut lebte in der Eiszeit in der baumlosen Steppentundra. Das zottelige Fell mit den langen Grannenhaaren und den darunter liegenden dichten Wollhaaren isolierte gegen Wärmeverlust. Auch das dicke Unterhautfettgewebe bildete eine gute Isolierschicht. Die kleinen Ohrmuscheln verhinderten einen zu hohen Wärmeverlust.

Die rezenten Elefanten leben in subtropischen und tropischen Zonen der Erde. Ein dichtes Fell wäre unter diesen Klimabedingungen nachteilig. Deshalb wurde das Fell rückgebildet.

Bei dem rezenten Afrikanischen Elefanten erfolgt über die großen Ohrmuscheln eine Wärmeregulation. Bei zu starker Erhöhung der Körpertemperatur werden die Ohrmuscheln abgespreizt und stärker durchblutet. Dadurch vergrößert sich die wärmeabgebende Oberfläche und die Körpertemperatur wird gesenkt.

A5 Überleben im Winter
a) Beschreibe das abgebildete Diagramm und erläutere die Kurvenverläufe.

Die Kurvenverläufe zeigen die Körpertemperatur dreier Lebewesen und die Umgebungstemperatur im Zusammenhang mit der Jahreszeit.

Die Körpertemperatur der ersten Art (gelbe Kurve) bleibt über das ganze Jahr hinweg konstant bei 39 Grad Celsius.

Die Körpertemperatur der zweiten Art (violette Kurve) ist in den kalten Monaten von November bis Februar um ein Grad abgesenkt gegenüber der Körpertemperatur von 36 Grad Celsius in den wärmeren Monaten.

Die Körpertemperatur der dritten Art liegt zwischen April und Oktober bei 35 Grad Celsius und fällt in den kalten Monaten auf sechs Grad Celsius.

Die Kurve der Umgebungstemperatur zeigt die bekannten jahreszeitlichen Temperaturschwankungen.

Vögel in ihren Lebensräumen

Nahrungsbeziehungen im Wald

Der Zug der Störche
Es gibt Weststörche, die über Frankreich, Spanien und Gibraltar nach Nordafrika fliegen. Von Marokko aus geht der Flug über die Sahara in die Sahelzone bis in den Bereich des Niger und Kongo. Die Oststörche ziehen über Rumänien zu der Meerenge des Bosporus in der Türkei, dann weiter über den Libanon, Israel, Ägypten und den Sudan bis nach Südafrika.
Die Störche vermeiden auf ihrem Zug große Meeresflächen, weil dort keine Aufwinde herrschen. Sie fliegen immer über Land.
[Bezug auf Lehrbuch Seite 164 und 165]

Gleitreptilien – Vorfahren der Vögel?
Die »Flügel« der Gleitreptilien bestehen aus verlängerten Rippen, die als Stützen einer Gleitflughaut dienen. Diese Hautflügel sind meist längs des Körpers zusammengefaltet. So werden die Tiere beim Klettern in den Bäumen nicht behindert. Durch Vorziehen der beweglichen Rippen werden sie ausgebreitet und das Tier kann viele Meter weit von Baum zu Baum gleiten. Die Flügel von Vögeln sind dagegen durch Umwandlung der Vorderbeine entstanden. Die Tragflächen werden nicht durch Haut, sondern durch Federn gebildet. Aus diesen Gründen sind die Gleitreptilien mit Sicherheit nicht die Vorfahren von Vögeln.
[Bezug auf Lehrbuch Seite 62 bis 65]

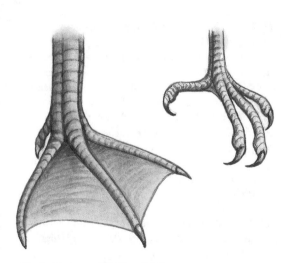

Füße bei Gans und Wellensittich
Der Fuß der Gans ist sehr groß und flach mit drei nach vorne gerichteten, gerade geformten Zehen, die durch Schwimmhäute verbunden sind. Eine kurze Zehe ist nach hinten gerichtet. Der Fuß des Wellensittichs ist im Verhältnis zum Körper wesentlich kleiner als bei der Gans. Die Zehen sind gekrümmt, wobei zwei Zehen nach vorne und zwei nach hinten gerichtet sind. An den Zehen sitzen kräftige, stark gekrümmte Krallen. Der Fuß der Gans hat die Funktion eines Schwimmfußes. Wenn der Fuß im Wasser nach hinten bewegt wird, drückt er mit seinen Schwimmhäuten den Vogel nach vorne. Der Fuß des Wellensittichs ist dagegen ein Kletterfuß. Bereits beim Sitzen auf der Stange ist zu erkennen, wie die Zehen mit den Krallen den Stab umklammern. Durch die Stellung der Zehen wird das Sitzen und Klettern erleichtert.

Abgepasstheiten an den Lebensraum beim Kaiser-Pinguin
Kaiser-Pinguine sind gleichwarme Tiere, sie haben durch eine Wärme dämmende Körperbedeckung die Fähigkeit ihre Körpertemperatur konstant zu halten und bei extremer antarktischer Kälte zu überleben. Die dicke Fettschicht der Haut dient ebenfalls als Isolierung gegen die Kälte. Durch ihr wasserundurchlässiges Federkleid bleibt ihre Temperatur auch beim Tauchen konstant. Die Vögel haben einen stromlinienförmigen Körper, ihre Flügel sind flossenförmig und an den Füßen besitzen Kaiser-Pinguine Schwimmhäute, was sie zu ausgezeichneten Schwimmern macht. Für die Tiere ergibt sich auch durch ihren watschelnden Gang kein Nachteil, da sie an Land keine Fressfeinde haben.

Hier stimmt etwas nicht
Das Bild der Stockente wurde an folgenden Stellen verändert:
- Schnabel eines Mäusebussards
- Federn am Hinterkopf vom Kiebitz
- Beine vom Storch
- Füße vom Specht

[Bezug auf Grundwissen]
Individuelle Lösung

1 Vögel – an das Fliegen angepasst

Seite 77

1 Erläutere anhand von vier Baumerkmalen die Bezeichnung »Leichtbauweise des Vogelkörpers«.

Man spricht bei Vögeln von einer Leichtbauweise, weil sie 1. weniger Knochen als die Säugetiere besitzen, 2. durch miteinander verwachsene Knochen Muskeln zum Stützen des Skeletts einsparen, 3. hohle Knochen besitzen, 4. einen sehr leichten Schädel haben, in dem sich 5. ein zahnloser Kiefer befindet, welcher 6. sehr schwach ist und 7. vom leichten Hornschnabel umgeben ist. Außerdem haben Vögel 8. mit den Federn sehr leichte Bauelemente für Tragflächen, Antrieb, Steuerung und Schutz entwickelt. Weiterhin gehören 9. zur Leichtbauweise die, bezogen auf ihr Leistungsvermögen, sehr leichten, mit den Luftsäcken verbundenen Lungen und die Einsparung von 10. Harnblase sowie 11. eines der beiden Eierstöcke.

Seite 79

1 Kanadagänse bewegen sich meist im Ruderflug, während Gänsegeier häufig segeln. Beide Tiere besitzen die gleiche Körpergröße. Stelle eine begründete Vermutung an, welche dieser Vogelarten einen größeren Brustbeinkiel besitzt.

Die Kanadagans besitzt den größeren Brustbeinkiel. Beim Ruderflug werden die Flügel bewegt und beim Segelflug weitgehend unbeweglich gehalten. Da die Flügel von den Flugmuskeln bewegt werden, müssen Ruderflieger kräftigere und größere Flugmuskeln besitzen als gleich große Segelflieger. Muskeln benötigen Ansatzstellen am Skelett. Ansatzstelle der Flugmuskeln ist das durch den Kiel vergrößerte Brustbein.

2 Ordne die drei grundlegenden Flugarten nach steigendem Energieverbrauch und begründe.

Beim Segelflug verbraucht der Vogel am wenigsten Energie. Er benötigt sie für das Ausbreiten der Flügel und für den Druck gegen die aufsteigende Luft. Diesem Druck gibt er nach, indem er selbst nach oben steigt.
Etwas mehr Energie wird beim Gleitflug benötigt, weil sich der Vogel im Vergleich zum Segelflug nicht mit der Luftströmung sondern gegen diese bewegt. Beim Ruderflug wird sehr viel Energie für das Falten und Ausbreiten der Flügel, den Flügelschlag und den Widerstand gegen die anströmende Luft benötigt.

Seite 81

1 Beschreibe die Entstehung des Auftriebes am Vogelflügel.

Die Luft strömt von der Vorderkante zur Hinterkante des Flügels. Dabei wird die Luftströmung geteilt. Auf der Oberseite legen die Luftteilchen einen längeren Weg zurück und strömen deshalb schneller, so dass ein Unterdruck entsteht. Dieser bewirkt die Zugkraft nach oben. Auf der Unterseite legen die Luftteilchen einen kürzeren Weg zurück und strömen deshalb langsamer, so dass ein Überdruck entsteht. Dieser bewirkt die Druckkraft nach oben. Zugkraft und Druckkraft zusammen ergeben die Auftriebskraft.

2 Vergleiche mit Hilfe von Präparaten und der Abbildung 3 die Auftriebseigenschaften der Flügel von Vogel und Fledermaus.

Der Vogelflügel entspricht dem Tragflächenprofil besser als der Fledermausflügel. Deshalb besitzt der Vogelflügel bessere Auftriebseigenschaften.

2 Vögel mit besonderen Angepasstheiten

Seite 82

1 Entenküken sind kurz nach dem Schlüpfen aus dem Ei bereits schwimmfähig. Begründe dies.

Junge Enten sind Nestflüchter. Sie folgen der Mutter unmittelbar nach dem Schlupf auf das Wasser. Das nur möglich, wenn sie schwimmen können. [Im Unterschied zu Daunen anderer Vögel sichert die Anordnung der Strahlen bei Erstlingsdaunen den Enten einen festen Zusammenhalt. Dadurch wird deren Daunengefieder wasserundurchlässig.]

Seite 83

1 Begründe am Beispiel von Haubentaucher und Höckerschwan die Gültigkeit des biologischen Prinzips Angepasstheit. Gehe auf Ernährung und Nestbau ein.

Der Haubentaucher kann gut tauchen und ist dadurch in der Lage, Fische unter Wasser zu erbeuten. Der Höckerschwan holt mit seinem langen Hals gründelnd Wasserpflanzen und Kleintiere vom Gewässergrund. Beide sind also daran angepasst, das Nahrungsangebot ihres Lebensraums zu nutzen. Der Haubentaucher baut sein Schwimmnest aus verrotteten Wasserpflanzen. Der Höckerschwan baut sein Nest aus Schilf. Beide nutzen Materialien ihres Lebensraumes zur Nestanlage.

2 Stelle eine begründete Vermutung zur Tauchfähigkeit von Kormoran und Blessralle aufgrund ihrer Ernährungsweise auf.

Der Kormoran ernährt sich von Fischen, denen er unter Wasser nachstellt. Das ist ihm nur möglich, wenn er sehr gut tauchen kann. Ein großer Tiefgang beim Schwimmen verringert die Kraft, die das Tier aufwenden muss, um vollends unter Wasser zu gelangen und verbessert demzufolge die Tauchfähigkeit. Auch die Blessralle holt ihre Nahrung tauchend vom Gewässergrund. Sie kann aber nur festsitzende Nahrung beziehungsweise sich langsam bewegende Tiere nutzen, weil sie aufgrund ihres geringen Tiefgangs viel Kraft für den Tauchvorgang aufwenden muss. [Blessrallen müssen ihren leichten Körper zum Tauchen etwas aus dem Wasser erheben, um Schwung zu holen. Beim Auftauchen schnellen sie dann wie ein Korken aus dem Wasser.]

Seite 84

1 Erläutere an einem Greifvogelpräparat aus der Schulsammlung Bau und Aufgabe des Greiffußes.

Greifvögel besitzen kräftige Füße, mit denen sie ihre Beute festhalten können. Die spitzen Krallen erleichtern dies. Sie dringen außerdem beim Angriff in das Beutetier ein, wodurch dieses unter Umständen schon getötet wird.

2 Stelle eine Vermutung an, warum der Mäusebussard durch den verringerten Einsatz von Schädlingsbekämpfungsmitteln geschützt werden kann.

Schädlingsbekämpfungsmittel töten durch ihre Giftwirkung auch die Beutetiere des Mäusebussards. Dadurch gibt es zum Beispiel weniger Mäuse und damit weniger Nahrung für diesen Greifvogel. Außerdem kann sich der Mäusebussard selbst vergiften, wenn er Tiere frisst, die diese Schädlingsbekämpfungsmittel aufgenommen haben. [Das Gift reichert sich dabei im Körper des Greifvogels an.]

Seite 85

1 Vergleiche den Beutefang von Habicht und Fischadler. Erkläre die dabei zu beobachtenden Verhaltensunterschiede.

Beide Greifvögel jagen ihre Beute aus dem Flug heraus. Der Habicht wendet dabei einen niedrigen Suchflug an, während der Fischadler den Rüttelflug nutzt. Die Beute ist ebenfalls unterschiedlich. Der Habicht fängt Vögel und kleine Säugetiere, der Fischadler erjagt ausschließlich Fische.

Ein über dem Wald oder Waldrand rüttelnder Habicht würde die im Gehölz versteckten Beutetiere nicht sehen bzw. rasch von diesen entdeckt werden. Nur ein niedriger Suchflug oder die Jagd vom versteckten Ansitz aus ermöglichen es, die Beute zu überraschen. Der Fischadler dagegen kann von den Fischen nicht entdeckt werden und hat deshalb die Möglichkeit, längere Zeit im Rüttelflug an einer Stelle zu verharren und die Beute zu fixieren. Aufgrund der Spiegelwirkung der Wasseroberfläche hat er außerdem nur dann gute Sicht auf die Beute, wenn er genau senkrecht über ihr steht.

2 Stelle eine Vermutung an, warum sich in manchen Gegenden die Brutreviere der hier abgebildeten vier Greifvogelarten überlappen können.

Jede dieser vier Arten nutzt eine andere Nahrungsquelle. Während der Fischadler ausschließlich Fische fängt, jagt der Schlangenadler mit Vorliebe Reptilien. Der Wanderfalke fängt Vögel in der Luft und der Habicht schlägt Vögel und Säugetiere in Bodennähe. So gibt es keine Konkurrenz um Nahrung. Die Konkurrenz um Brutplätze ist zwar nicht auszuschließen, aber relativ gering. Felsnischen könnten vom Wanderfalken genutzt werden, während der Fischadler auf Baumwipfel oder Hochspannungsmasten ausweichen kann. Der Habicht würde höchstens mit dem Schlangenadler um Plätze im unteren Kronenbereich konkurrieren.

Seite 86

1 Vergleiche Schleiereule und Mäusebussard hinsichtlich Brutplatz, Nahrung sowie Ort und Zeit des Beutefangs. Begründe, ob beide Arten im selben Gebiet vorkommen können.

Schleiereule und Mäusebussard brüten an verschiedenen Orten. Die Schleiereule zieht ihre Jungen in Gebäuden groß und der Bussard baut seinen Horst in Bäumen. Beide ernähren sich hauptsächlich von Mäusen, die auf Wiesen und Feldern gefangen werden. Die Schleiereule jagt aber in der Nacht und der Bussard am Tag. Wenn ausreichend Mäuse vorhanden sind, können beide Arten im gleichen Gebiet vorkommen, weil sie sich beim Beutefang und beim Brüten gegenseitig nicht stören.

Seite 87

1 Im Gegensatz zu vielen Singvögeln legen Spechte weiße Eier. Deute diesen Sachverhalt im Hinblick auf die Angepasstheit der Spechte.

Die Eier der Spechte liegen geschützt im Dunkel der Höhle. Die Ausbildung von Farbstoffen wäre eine nutzlose Ressourcenverschwendung.

Seite 89

1 **Die Wasseramsel sucht am Grund klarer Bäche nach Insektenlarven, während der Grauschnäpper fliegende Insekten jagt. Stelle begründete Vermutungen über das Zugverhalten beider Arten an.**
Die Wasseramsel findet die meiste Zeit des Jahres Nahrung und muss nur ausweichen, wenn der Bach zufriert. Der Grauschnäpper findet im Winter keine Insekten. Er ist deshalb ein Zugvogel, dessen Winterquartier sich in Gegenden mit reichem Insektenangebot befinden muss. [Grauschnäpper überwintern im südlichen Afrika.]

Seite 90

1 **Benenne die abgebildeten Vogelarten. Ordne den Gruppen der Körnerfresser, Früchtefresser beziehungsweise Insektenfresser je eine dieser Arten zu.**
Bei den abgebildeten Vogelarten handelt es sich von links nach rechts um: Blaumeise, Rotkehlchen, Amsel, Kleiber, Haussperling, Eichelhäher, Tannenmeise, Gimpel und Buntspecht.
Körnerfresser sind Haussperling und Gimpel. Blaumeise, Tannenmeise, Kleiber und Rotkehlchen ernähren sich von Insekten und die Amsel von Früchten.
[Eichelhäher und Buntspecht lassen sich nicht in diese Gruppen einordnen. Der Buntspecht kann im Winter sowohl Insekten und ihre Larven aus dem Holz als auch Koniferensamen aus den Zapfen holen. Der Eichelhäher nutzt die im Herbst versteckten Eicheln.]

2 **Beobachte Vögel am Futterhaus und erstelle eine Artenliste. Nutze dazu ein Bestimmungsbuch. Ordne die Arten nach der Häufigkeit, mit der sie die Futterstelle besuchen.**
Welche Vogelarten beobachtet werden können und deren Häufigkeit hängen von den Lebensräumen in der Umgebung der Futterstelle ab. Nachfolgend sind einige mögliche Arten genannt: Kohlmeise / Blaumeise / Tannenmeise / Sumpfmeise / Kleiber / Haussperling / Feldsperling / Buchfink / Gimpel / Grünfink / Rotkehlchen / Amsel / Eichelhäher / Buntspecht / Goldammer.

3 **Stelle Argumente gegenüber, die für oder gegen eine Winterfütterung von Vögeln sprechen.**
Die Winterfütterung ermöglicht es, verschiedene Vogelarten aus der Nähe zu beobachten und kennen zu lernen. Bei extremen Witterungsbedingungen können einzelne Vögel vor dem Hungertod gerettet werden. Für einige Arten, deren Bestände gefährdet sind, können spezielle Formen der Winterfütterung oder der Unterstützung beim Nahrungserwerb günstig sein. Eulen kann zum Beispiel durch Auslegen von Stroh mit darin enthaltenen Getreidekörnern geholfen werden, weil sich darin viele Mäuse aufhalten. Rebhühner fressen gern Körnerfutter.
Nachteilig ist die Gefährdung der Vögel durch Krankheitserreger. Diese können mit dem Vogelkot sowie durch direkten Kontakt übertragen werden. Außerdem werden durch die Fütterung durch Krankheiten geschwächte Individuen am Leben gehalten, die ansonsten den winterlichen Bedingungen zum Opfer gefallen wären. Somit können sich Krankheitserreger besser verbreiten. Tiere mit erblich bedingter geringerer Widerstandskraft bleiben am Leben und können sich im nächsten Jahr wieder fortpflanzen. Andere Tiere mit vergleichsweise besseren Erbanlagen, die keinen Zugang zu einer Fütterung haben, sind dadurch benachteiligt. [Selektion wird außer Kraft gesetzt.]
Hinzu kommt, dass nur die ohnehin häufigen Arten die Futterstellen benutzen.

Seite 91

1 **Bereite einen kurzen Vortrag zum Thema »Winterfütterung« vor.**
Im Vortrag könnten folgende Schwerpunkte enthalten sein:
Einleitung – Streit unter Ornithologen
Überwinternde Vogelarten (Vorstellen mit Bildern und Präparaten)
Ernährung (Körnerfresser, Insektenfresser, Früchtefresser sowie Verfügbarkeit der Nahrung)
Möglichkeiten der Winterfütterung (Futterhaustypen, Anbieten fetthaltiger Nahrung, mögliche Trockenfrüchte, Hygiene)
Vorteile und Nachteile (einige Fakten als Zitate vorgeben und Diskussion anregen)

2 **Diskutiert in der Gruppe, ob es sinnvoll ist, Fragen der Zuhörer bereits während des Vortrags zuzulassen.**
Die Meinungen dazu werden auseinandergehen. Es hängt immer davon, welches Ziel mit dem Vortrag verfolgt wird.
Wenn man in kurzer Zeit viele Fakten im logischen Zusammenhang vermitteln will, dann sollten Fragen erst am Ende des Vortrages zugelassen werden. Soll der Vortrag aber vor allem erst einmal das Publikum für das Thema interessieren, so ist es günstiger, die auftretenden Fragen gleich zur Motivation der Zuhörer zu nutzen.

3 Das Haushuhn

Seite 93

1 Stelle die Entwicklung des Eies im Huhn in einer Tabelle dar. Verwende dafür die Spaltenüberschriften Ort und Vorgang.

Ort	Vorgang
Eierstock	Reifen der Eizellen
Eileiter	Befruchtung
Eileiter	Bildung der Keimscheibe
Eileiter	Entwicklung des Embryos
Eileiter	Zugabe des Eiklars
Ende des Eileiters	Bildung der Schalenhäute
Schalendrüse	Bildung der Kalkschale

2 Begründe, warum das Küken die Eierschale am stumpfen und nicht am spitzen Pol durchbricht.
Am stumpfen Pol befindet sich die Luftkammer. Nach dem Zerreißen der inneren Schalenhaut benötigt das Küken die Luft der Luftkammer zum Atmen, bis es die äußere Schalenhaut zerrissen und ein Loch in die Kalkschale gepickt hat.

3 Heutzutage werden die meisten Hühner in Brutapparaten ausgebrütet. Nenne drei Bedingungen, auf die dabei geachtet werden muss. Begründe jeweils die Bedeutung der Bedingung.
Eine wichtige Bedingung ist Wärmezufuhr, weil der Embryo sonst auskühlen würde. Die Eier müssen außerdem regelmäßig gewendet werden, um sie gleichmäßig zu erwärmen. Weiterhin muss auf eine ausreichende Belüftung geachtet werden, weil die Embryonen über Schalenhäute und Kalkschale Sauerstoff und Kohlenstoffdioxid mit ihrer Umgebung austauschen.

Seite 94

V1 Präparation eines Hühnereis
a) Skizziere das präparierte Ei. Beschrifte die Skizze.
In der Skizze werden beschriftet: Kalkschale, Schalenhäute, Eiklar, Hagelschnur, Eidotter, Dotterhaut, Luftkammer, eventuell Keimscheibe

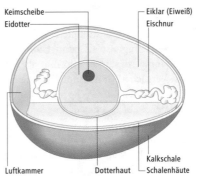

b) Entleere das Ei in die Petrischale und untersuche die jetzt leere Eischale. Suche die Luftkammer. Ermittle die Anzahl der Schalenhäute.
Es sind zwei Schalenhäute vorhanden.

c) Zeichne mit dem Faserschreiber ein Quadrat von fünf Millimeter Kantenlänge auf ein Stück der Eischale. Betrachte das Schalenstück anschließend unter der Lupe und zähle die im Quadrat erkennbaren Poren. Berechne die Anzahl der Poren des gesamten Hühnereis. Gehe dabei von einer Oberfläche von 50 Quadratzentimetern aus.
Ein Hühnerei besitzt im Durchschnitt etwa 7000 Poren. Daraus folgt, dass auf der Probefläche von 0,25 cm^2 35 Poren zu erwarten sind. Allerdings sind die Poren ungleichmäßig verteilt. Am stumpfen Pol findet man mehr als am spitzen Pol.

d) Erstelle eine begründete Vermutung für die Bedeutung der Poren in der Eischale.
Die Poren der Eischale sind luftdurchlässig. Sauerstoff und Kohlenstoffdioxid können deshalb zwischen Umgebungsluft und dem Inneren des Eis ausgetauscht werden. Das Küken kann im Ei Sauerstoff aufnehmen und Kohlenstoffdioxid abgeben. Es kann somit längere Zeit geschützt im Ei leben und sich entwickeln. Durch die Poren ist das Ei an seine Funktion angepasst.

V2 Wie weit rollt das Ei?
a) Erkläre den Zusammenhang zwischen Eiform und Rollstrecke.
Der Tischtennisball rollt weiter als das Ei. Aufgrund seiner Kugelform rollt er geradeaus. Die Eiform bewirkt, dass das Hühnerei eine bogenförmige Rollstrecke zurücklegt. Somit ist die Entfernung zwischen A und B kürzer als beim Ball.

b) Zeichne den Umriss eines Hühnereis auf ein Blatt und vergleiche ihn mit dem Umriss des abgebildeten Eies der Trottellumme. Nutze den Zusammenhang von Struktur und Funktion sowie die Abbildung des Brutplatzes zur Erklärung der Form des Lummeneies. Trottellummen brüten auf schmalen Felsvorsprüngen von Steilküsten.

Beim Vergleich der Umrisse erkennt man, dass der Unterschied zwischen spitzem und stumpfem Pol beim Lummenei stärker ausgeprägt ist als beim Hühnerei. Das Ei der Trottellumme ist stärker eiförmig als das Hühnerei. Aus dem Versuch a) ist bekannt, dass die Eiform zu einer Verkürzung der Rollstrecke führt. Daraus folgt, dass ein Lummenei auf einer noch engeren, bogenförmigen Bahn rollt. Die Strecke zwischen A und B ist kürzer als beim Hühnerei. Lummen können deshalb auf schmalen Felssimsen brüten, ohne dass übermäßig große Gefahr besteht, dass Eier abstürzen.

Seite 95

1 **Beschreibe die geografische Lage und das Klima von Laos. Verwende dazu den Atlas.**
Laos liegt in Südostasien nordöstlich von Thailand und westlich von Vietnam. Es ist ein Binnenland mit tropischem Monsunklima. Das heißt, der Niederschlag von 1000–3000 mm pro Jahr fällt hauptsächlich im Sommer. Die Durchschnittstemperatur liegt bei 20–30 °C im Sommer und 10–25 °C im Winter.

2 **Erläutere die Angepasstheit des Bankivahuhns an seinen Nahrungserwerb.**
Die kräftigen Füße eignen sich zum Scharren. Dadurch kann die Nahrung freigelegt werden. Diese wird anschließend mit dem spitzen Pickschnabel aufgenommen. Der Tastsinn im Schnabelinneren hilft bei der Auswahl des Futters.

4 Verhaltensweisen von Amseln

Seite 97

1 **Nenne Verhaltensweisen, die nur von einem Amselmännchen bzw. von einem Amselweibchen bzw. von beiden Partnern gezeigt werden.**

Verhaltensweisen des Männchens	– Singen – Balzen
Verhaltensweisen des Weibchens	– Paarungsaufforderung – Nestbau – Eiablage – Brüten
Verhaltensweisen von Männchen und Weibchen	– Imponieren – Drohen – Angreifen – Nistplatz suchen – Betreuung und Fütterung der Jungen – Nahrungssuche – Baden – Sonnenbaden – Putzen

Seite 98

1 **Erkläre, warum Mehlschwalbe, Haussperling, Feldlerche und Pirol gefährdet sind und schlage Maßnahmen zu ihrem Schutz vor.**
Die Mehlschwalbe ist gefährdet, weil sie nur noch selten geeignetes Nistmaterial in Form von Lehm findet. Man könnte ihr helfen, indem nicht alle Wege befestigt werden oder lehmige Pfützen angelegt werden. Außerdem könnte man Nisthilfen an Gebäuden anbringen.
Dem Haussperling fehlen geeignete Nischen und Höhlungen an Gebäuden. Nisthilfen würden hier ebenfalls hilfreich sein.
Die Feldlerche ist durch die Veränderungen in der Bewirtschaftung der Felder bedroht. Man könnte zum Beispiel den Anbau von Wintergetreide, vor allem Winterroggen fördern. Eine weitere Hilfe für die Feldlerche wäre die Anlage von Ackerrandstreifen, in denen keine Pflanzenschutzmittel eingesetzt werden.
Der Pirol ist vor allem durch die Bejagung während seines Zuges im Mittelmeerraum gefährdet. Innerhalb der EU müsste in diesen Ländern die Singvogeljagd verboten sowie die Einhaltung dieses Jagdverbotes kontrolliert werden.

2 **Beobachte und bestimme Singvögel, die in der Umgebung der Schule leben. Benutze dazu ein Bestimmungsbuch. Erstelle eine Artenliste.**
[Es lässt sich nicht genau vorhersagen, welche Arten von den Schülern beobachtet werden können. Hier kann nur eine Auswahl der Arten angegeben werden, die relativ oft in Siedlungsnähe auftreten. Dabei wurden zwei verschiedene Siedlungsbereiche (Bebauungsgebiete und baumreiche Gebiete) unterschieden. Die Arten sind nach abnehmender Häufigkeit geordnet.]

Bebauungsgebiete (Wohnblockzone)	Baumreiche Gebiete (Parks, Baumalleen)
Haussperling	Amsel
Mauersegler	Star
Grünfink	Kohlmeise
Amsel	Blaumeise
Star	Buchfink
Hausrotschwanz	Zilpzalp
Mehlschwalbe	Singdrossel

5 Viele Vögel sind gefährdet

Seite 99

1 **Recherchiere die mögliche Gefährdung von Vögeln durch Stromleitungen und Windkraftanlagen.**
Bei einer Freileitung werden nicht-isolierte Drähte verwendet, die an Isolatoren auf Freileitungsmasten aufgehängt sind. Besonders große Vögel wie zum Beispiel

Störche sind durch Stromleitungen gefährdet, wenn sie auf einer Metallstange eines Strommastes landen und mit den Flügeln einen Kurzschluss verursachen. Durch Kunststoffabdeckungen auf den Isolatoren versucht man dieses Problem zu lösen.

Windkraftanlagen leisten einen wichtigen Beitrag zum Klimaschutz, stellen aber auch vermutlich eine Gefahr für Vögel, insbesondere für Greifvögel, dar. Denn in der Nähe von Windrädern hat man besonders oft tote Rotmilane gefunden. Für den deutschen Naturschutz ist diese Vogelart besonders wichtig, denn von den weltweit bekannten 23 000 Brutpaaren des Rotmilans leben 12 000 in Deutschland. Ein besonderes Untersuchungsprogramm soll die Ursache dieser Vorfälle klären.

Wissen vernetzt – Vögel in ihren Lebensräumen

Seite 101

A1 Angepasstheit von Bewohnern der Flussaue
a) Vergleiche mit Hilfe des Materials Lage und Bedingungen der Brutplätze sowie das gesamte Fortpflanzungsverhalten von Flussregenpfeifer und Eisvogel. Erläutere, inwiefern Angepasstheiten an die Lebensweise auftreten.

Die Brutplätze befinden sich im Nahrungsgebiet. Der Eisvogel gräbt eine Höhle in die Ufersteilwand und der Flussregenpfeifer scharrt eine flache Nestmulde in den Kies am flachen Ufer. An diese Standortbedingungen sind beide Arten unterschiedlich angepasst. Der Flussregenpfeifer legt Eier, die durch ihre dunklen Flecken im Uferkies gut getarnt sind. Beim Eisvogel wäre die Ausbildung von Farbstoffen für die in der dunklen Höhle geschützten Eier nutzlos. Die Eier des Flussregenpfeifers sind außerdem relativ größer und schwerer als die des Eisvogels. Die darin enthaltene größere Nährstoffmenge ermöglicht, dass die jungen Regenpfeifer beim Schlupf bereits sehr weit entwickelt sind. Als Nestflüchter können sie bei Gefahr am deckungsarmen Brutort sofort ihren Eltern folgen, beziehungsweise sich an geschützteren Stellen verstecken. Die Eisvogeljungen können demgegenüber in ihrer geschützten Höhle eine längere Nestlingszeit verbleiben, ehe sie vollständig befiedert und flugfähig sind.

b) Begründe, warum beide Arten im gleichen Lebensraum vorkommen können.

Beide Arten brüten an verschiedenen Bereichen der Flussaue und nutzen auch unterschiedliche Nahrungsquellen, sodass sie im gleichen Lebensraum vorkommen können, ohne sich gegenseitig zu behindern.

A2 Innerer Bau der Feder
Beschreibe den inneren Bau des Federschaftes. Begründe den Bau unter Berücksichtigung des Zusammenhangs von Struktur und Funktion.

Beim Schaft der Feder wird das hohle Innere von dünnen Streben und Wänden durchzogen. Diese sichern die notwendige Stabilität bei minimalem Materialeinsatz beziehungsweise minimalem Gewicht. Diese Struktur ermöglicht die Funktion Fliegen. Es handelt sich um eine Leichtbauweise.

A3 Schnäbel und Füße bei Vögeln
Benenne die Arten und ordne die entsprechenden Füße und Schnäbel zu. Begründe jeweils die Zuordnung.

C und H gehören zur Stockente. Die Schwimmhaut zwischen den Zehen ist eine flächige Struktur, die es ermöglicht, sich im Wasser abzustoßen. Zwischen den kammartigen Hornleisten am Rand des Schnabels können kleine Wassertiere wie in einem Sieb hängen bleiben. D ist der typische Kletterfuß und F der Meißelschnabel eines Spechtes. Die beiden nach hinten gerichteten Zehen vermitteln einen festen Halt am Stamm. Der gerade, kräftige und spitze Schnabel eignet sich sehr gut zum Hacken im Holz. Dem Mäusebussard werden B und G zugeordnet. Der kräftige Fuß mit dolchförmigen Krallen dient zum Ergreifen und Töten der Beute. Mit dem hakenartig nach unten gekrümmten Schnabel kann der Bussard die Beute zerlegen. Es verbleiben mit A und E Schnabel und Fuß des Wellensittichs. Der kräftige Schnabel ermöglicht das Zerquetschen von Samen. Beim Fuß zeigen zwei Zehen nach hinten und zwei nach vorn. Damit kann der Vogel gut klettern. [Wellensittiche gehören zu den Papageien, die den Fuß auch benutzen, um die Nahrung zum Schnabel zu führen.]

Fische, Lurche, Kriechtiere in ihren Lebensräumen

Lebensraum Teich
Die Lebensbedingungen in einem Teich werden durch das Wasser und die darin lebenden Pflanzen wie zum Beispiel Rohrkolben und Seerosen bestimmt. Hier leben zum Beispiel Wasserfrösche und Libellen, die zum Atmen Luft brauchen. Im Wasser leben Fische wie Karpfen und Hecht, die ihren Sauerstoff dem Wasser entnehmen. Der Gewässergrund ist meist mit Schlamm oder Kies bedeckt, in dem sich Insekten, Würmer und andere Tiere eingraben können. Ob hier Pflanzen wie zum Beispiel Algen leben können, ist von der Tiefe des Gewässers und damit von den Lichtverhältnissen abhängig.
Die Umgebung eines Teiches ist durch die Feuchtigkeit des Bodens und eine hohe Luftfeuchtigkeit gekennzeichnet. Hier findet man oft Erlen und Weiden.
[Bezug auf Grundwissen; Erschließungsfeld Vielfalt]

Warum haben Haie an den Seiten Schlitze?
Haie atmen durch Kiemen. Sie haben Kiemenspalten, die sich and den Seiten des Haikörpers befinden. Die Kiemenspalten sind durch bewegliche Klappen geschützt.

Neue Flugfroschart entdeckt
Flugfrösche leben in den Wipfeln von tropischen Regenwaldbäumen. Zwischen den stark verlängerten Zehen der Hinterbeine sind Schwimmhäute gespannt, die jedoch nicht zum Schwimmen verwendet werden. Bei Gefahr können die Flugfrösche mit ihrer Hilfe weit gleiten und zum Beispiel von einem Baumwipfel in den benachbarten Baum wechseln.
[Erschließungsfelder Struktur und Funktion, Angepasstheit]

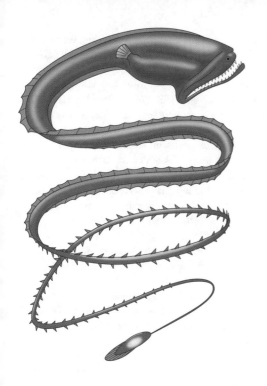

Das große Sackmaul

Das riesige, mit spitzen Zähnen besetzte und weit aufklappbare Maul (»Sackmaul«) führt zu einem extrem dehnbaren Magen. So kann der Fisch Beutetiere fassen, die sogar größer sind als er selbst.

Das Sackmaul ist ein Bewohner der Tiefsee. Besondere Kennzeichen des Lebensraums sind der Mangel an Licht und der hohe Wasserdruck. Durch Leuchtorgane erzeugen manche Tiefseebewohner selbst Licht, mit dem Nahrung oder Geschlechtspartner angelockt werden.

Eierschlange

Viele Schlangen fressen ab und zu Eier, aber echte Eierschlangen, die sich ausschließlich von Eiern ernähren, gibt es nur in Afrika.
Die Kiefer der Schlange sind extrem beweglich und die Haut im vorderen Körperabschnitt ist äußerst elastisch und dehnbar. Die Größe des Eies wird vor dem Fressen geprüft; zu große Eier werden abgelehnt. Vor dem Verschlucken wird das Ei durch Speichel schlüpfrig gemacht.
Ein verschlucktes Ei wird von der kräftigen Schlundmuskulatur gegen in die Speiseröhre ragende Knochenfortsätze der Wirbelsäule gepresst, sodass die Schale aufgeritzt wird.
Die entleerten Eierschalen gelangen nicht in den Magen, sondern werden zu einem kleinen Paket zusammengedrückt und wieder ausgewürgt.
Die Atmung erfolgt bei allen Schlangen mit Ausnahme der Boas und Pythons über den stark erweiterten und mit einem zusätzlichen Luftsack versehenen rechten Lungenflügel. Der linke Lungenflügel ist meist funktionslos. Die Luftröhre ist sehr muskulös und kann beim Vorbeigleiten der Beute verschoben werden, sodass genügend Luft in den Lungenflügel gelangen kann.
[Bezug auf Lehrbuch Seite 48 und 49]

Riesenflugsaurier

Der Kopf der Riesenflugsaurier wurde beim Fliegen waagrecht gehalten. Da aber die langen Kieferknochen durch ihr Gewicht den Kopf nach unten zogen, wäre eine überaus kräftige und umfangreiche Halsmuskulatur zur Stabilisierung der Kopfhaltung nötig gewesen. Der Knochenkamm könnte als Gegengewicht zu den langen Kiefern gedient haben.
Der Knochenkamm könnte auch zur Schallverstärkung beim Erzeugen von Lauten gedient haben.
Möglich ist auch, dass der Knochenkamm ein Unterscheidungsmerkmal von Männchen und Weibchen darstellte und bei der Balz eine Rolle gespielt hat.
[Erschließungsfelder Struktur und Funktion, Angepasstheit, Information; Bezug auf Lehrbuch Seite 174]

1 Fische leben im Wasser

Seite 105

1 Beschreibe die Körperform der Fische als Angepasstheit an ihren Lebensraum.

Von der Seite betrachtet haben Fische eine spindelförmige Gestalt. Kopf- und Schwanzbereich sind zugespitzt. Viele Fische sind zudem seitlich abgeplattet. Diese besondere Körperform ermöglicht dem Fisch ein Gleiten durch das Wasser. Dabei strömt das Wasser ohne großen Widerstand an der glatten Haut entlang. Die besondere Form nennt man Stromlinienform. Stromlinienförmige Körper können sich schneller durch das Wasser bewegen, was Fischen Vorteile bei der Flucht vor Räubern, bei der Jagd nach Beutetieren oder beim Schwimmen in schnell fließendem Wasser verschafft. Die Stromlinienform ist damit eine Angepasstheit an ein Leben im Wasser.

2 Fertige eine Tabelle an, die die Bezeichnungen der Flossen und ihre jeweiligen Funktionen enthält.

Flosse	Funktion
Brustflossen, Bauchflossen	Steuerung, Regulation der Geschwindigkeit
Afterflosse, Rückenflosse	Stabilisierung der Körperhaltung (Fisch kippt nicht)
Schwanzflosse	Vortrieb im Wasser

Seite 106

1 »Der in diesem Streifzug beschriebene Luftballonversuch dient als Modell zur Veranschaulichung der Bewegung von Fischen im Wasser«. Diskutiere diese Aussage und beschreibe, welche Strukturen eines Fisches durch den Modellaufbau dargestellt werden.

Fische können mit Hilfe ihrer Schwimmblase im Wasser auf und ab steigen oder in einer ganz bestimmten Wassertiefe verweilen. Will der Fisch tiefere Wasserschichten erreichen, kann er das Gasvolumen in seiner Schwimmblase verringern. Die Schwimmblase wird kleiner und erzeugt dadurch weniger Auftrieb. Die Gewichtskraft des Fisches ist nun größer als der Auftrieb, den die kleinere Schwimmblase erzeugt. Der Fisch sinkt nach unten. Will der Fisch im Wasser aufsteigen, füllt er die Schwimmblase mit Gas aus dem Blut, sodass ihr Volumen schnell ansteigt. Nun ist der Auftrieb im Vergleich zur Gewichtskraft des Fisches sehr groß, der Fisch steigt nach oben. Im Modell entspricht der Luftballon der Schwimmblase und das Gewichtsstück soll die Masse des Fischkörpers darstellen.

2 Erkläre mit Hilfe des Modellversuches, warum ein Fisch, der aus sehr großer Meerestiefe schnell nach oben gezogen wird, sofort stirbt.

Wenn sich der Fisch in großer Tiefe aufhält, ist seine Schwimmblase sehr klein. Ein Großteil des Gases ist in das Blut abgegeben worden. Außerdem drückt das den Fisch umgebende Wasser den Fisch und damit auch dessen Schwimmblase zusammen, wie bei einem Luftballon, den man unter Wasser drückt. Zieht man den Fisch schnell nach oben, dann verringert sich schlagartig der Wasserdruck und die verkleinerte Schwimmblase dehnt sich aus. Diese Ausdehnung kann dazu führen, dass die Schwimmblase platzt, sodass der Fisch stirbt.
[Bei der als »Trommelsucht« bekannten Erscheinung werden Augen und Eingeweide durch die sich aufweitende Schwimmblase aus dem Fisch herausgedrückt.]

3 Ein Teil der Schwimmblasenwand ist von einem feinen Netz aus Blutgefäßen durchzogen. Stelle eine begründete Vermutung über die Funktion dieses Kapillarnetzes an.

Über die Blutgefäße wird der Schwimmblase Gas zugeführt oder aus ihr abgeführt. Je feiner das Netz, desto größer ist seine Oberfläche. Dadurch kann der Gasaustausch zwischen Blut und Schwimmblase sehr schnell erfolgen.
[Bei vielen Knochenfischen, wie zum Beispiel Karpfen, Forellen oder Hechten, ist die Schwimmblase mit dem Darm verbunden. Sie können überschüssiges Gas aus der Schwimmblase in den Darm abgeben.]

Seite 107

1 Beschreibe die einzelnen Entwicklungsstadien einer Bachforelle und wende das biologische Prinzip Reproduktion an.

Das Weibchen der Bachforelle legt die Eier in die Laichgrube. Nach der äußeren Befruchtung durch das Männchen schlüpfen nach etwa drei Monaten die kleinen Forellenlarven aus den Eiern. Die Larven tragen einen Dottersack auf der Bauchseite. Von den darin enthaltenen Nährstoffen ernähren sie sich in der ersten Zeit. Dadurch wird der Dottersack nach und nach kleiner und verschwindet schließlich. Später jagen die jungen Forellen Kleintiere und wachsen schnell heran, bis sie sich selber wieder fortpflanzen können.

2 Die Anzahl der Eier bei der Bachforelle ist eine Angepasstheit. Nimm begründet Stellung.

Bachforellen betreiben keine Brutpflege. Das bedeutete, dass die aus den Eiern schlüpfenden Forellen keine Hilfe von ihren Eltern erhalten. Ein großer Teil der kleinen Fische wird von Räubern gefressen. Von den vielen Nachkommen überleben nur wenige Tiere. Eine große Menge an Eiern ist die Voraussetzung dafür, dass am Ende einige Forellen ein Alter erreichen, in denen sie sich selbst wieder fortpflanzen können. Damit ist die große Anzahl an Eiern eine Angepasstheit an das Vorhandensein von Fressfeinden im Fortpflanzungsgewässer.

Seite 108

1 Erstelle eine Tabelle, in der du die Ortsbewegungen und die Orientierung von Lachs und Aal gegenüberstellst. Vergleiche beide Fischarten.

Fischart	Lachs	Aal
Wanderroute	Eiablage: Quellbäche Jungtiere: wandern flussabwärts ins Meer erwachsene Tiere: Nordatlantik	Eiablage: Karibik Jungtiere: wandern mit dem Golfstrom nach Europa und Nordafrika erwachsene Tiere: Seen und Flüsse Europas und Nordafrikas
Orientierung	Sonnenstand, Geruch des Wasser der Fließgewässer, in denen sie geschlüpft sind	Erdmagnetfeld, Wassertemperaturen und Strömungen

Seite 109

V1 Körperform
a) Notiere deine Beobachtungen.
Werden die Körper aus Knetmasse durch das Wasser gezogen, so wird das Holzkreuz in Richtung Hand ausgelenkt. Nach Beenden der Bewegung pendelt das Holzkreuz mit dem Köper wieder in die ursprüngliche Lage zurück.
Bei verschieden geformten Körpern verhält sich das Holzkreuz unterschiedlich. Den kleinsten Ausschlag zeigt das Holzkreuz bei einem stromlinienförmigen, den größten Ausschlag bei einem sperrigen, eckigen Körper.
b) Erläutere deine Ergebnisse.
Wenn sich Körper durch Wasser bewegen, so leistet das Wasser immer einen gewissen Widerstand. Man kann das merken, wenn man versucht, durch knietiefes Wasser zu laufen. Die Größe des Widerstandes ist von der Form des Körpers abhängig. An einem stromlinienförmigen Körper gleitet das Wasser im Gegensatz zu anders geformten Körpern relativ leicht vorbei, sodass nur ein geringer Widerstand entsteht. Ist der Widerstand gering, so wird auch das Holzkreuz nur geringfügig ausschlagen.

V2 Untersuchung von Fischschuppen mit der Lupe
a) Zeichne eine Fischschuppe.

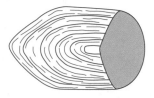

einzelne Schuppe mit Jahresringen

b) Stelle eine Vermutung über die Bedeutung der sichtbaren, an die Jahresringe an einem Baumstamm erinnernden Strukturen an.
Die sichtbaren Strukturen der Fischschuppen sind wie auch bei Bäumen Jahresringe, anhand derer festgestellt werden kann, wie alt ein Fisch ist. Der Abstand zwischen zwei Ringen stellt dabei jeweils ein Jahr dar und gibt Aufschluss darüber, wie viel der Fisch in dem jeweiligen Jahr gewachsen ist.

V3 Schwimmen – Schweben – Sinken
a) Notiere deine Beobachtungen.
Wenn der Stopfen gedrückt wird, sinkt die Pipette im Wasser ab. Drückt man nicht mehr auf den Stopfen, so steigt die Pipette wieder auf. Je nach Druck auf den Stopfen kann man die Pipette sinken, steigen oder auch in der Mitte des Zylinders schweben lassen.
b) Erkläre die Versuchsergebnisse. Stelle einen Bezug zur Schwimmblase des Fisches her.
Im Ausgangszustand schwebt die Pipette kurz unter der Wasseroberfläche. Drückt man auf den Stopfen, so wird dieser ein kleines Stück in den vollständig mit Wasser gefüllten Zylinder gedrückt. Dadurch erhöht sich in dem Zylinder der Wasserdruck. Das unter Druck stehende Wasser drückt die Luft in der Pipette zusammen, sodass sich das Luftvolumen verkleinert. Das verkleinerte Luftvolumen erzeugt nun weniger Auftrieb und die Pipette sinkt im Zylinder ab.
Das Gasvolumen einer Schwimmblase muss sich verringern, wenn ein Fisch in tiefere Wasserschichten gelangen möchte. Dazu kann er das Gas aus der Blase in das Blut überführen.

A4 Einrichten eines Aquariums
a) Die Fische im Aquarium sollen artgerecht gehalten werden. Erläutere, die Einrichtung des Aquariums.
Fische stellen wie alle anderen Tiere große Ansprüche an ihren Lebensraum. Zunächst muss beachtet werden, ob man Fische aus dem Meer oder aus dem Süßwasser in einem Aquarium halten möchte. Bei Meeresfischen ist die besondere Zusammensetzung des salzhaltigen Meerwassers zu beachten. Meist werden jedoch Süßwasserfische in Aquarien gehalten. Bei der Planung ei-

nes Aquariums muss man darauf achten, dass die Fische mit Sauerstoff versorgt werden müssen. Neben einer ausreichenden Bepflanzung muss eine Aquarienpumpe installiert werden, welche Luft mit dem darin enthaltenen Sauerstoff in das Wasser pumpt. Fische benötigen sauberes Wasser. Ein Aquarienfilter filtert Schmutzpartikel aus dem Wasser und verhindert Ablagerungen auf dem Bodengrund. Auch der zukünftige Standort eines Aquariums sollte sorgfältig ausgewählt werden. Wird ein Aquarium zu dicht am Fenster aufgestellt, wachsen Algen besonders intensiv und können die Wasserqualität negativ verändern. Dennoch benötigen die Pflanzen im Aquarium genügend Licht, das von einer Aquarienleuchte stammen sollte.

b) Ein Schüler schlägt vor, in einem Zoogeschäft einen Fachmann zur Zusammenstellung der Fischarten zu befragen. Begründe mindestens zwei Ratschläge, die der Fachmann geben wird.

Der Fachmann wird wahrscheinlich darauf achten, dass nach Möglichkeit keine Raubfische mit Friedfischen in einem Aquarium gehalten werden. Es könnte sonst leicht passieren, dass alle Friedfische von den Raubfischen gefressen werden.

Bei der Wahl der Fischarten ist es weiterhin wichtig, auf die Platzbedarf der Fische zu achten. Es gibt Fischarten, die viel schwimmen und daher ein relativ großes Aquarium benötigen, während andere Arten mit weniger Platz auskommen können.

Schließlich spielt auch der natürliche Lebensraum und das Verhalten der Arten eine Rolle bei der Auswahl. Will man Bodenfische wie zum Beispiel Welse halten, müssen Versteckmöglichkeiten am Bodengrund vorhanden sein. Andere Arten halten sich lieber zwischen dichten Pflanzen auf.

Seite 110

1 Erläutere die Begriffe Raubfisch, Friedfisch und Schwarmfisch. Ordne die beschriebenen Fische ein.

Raubfische ernähren sich überwiegend von anderen Fischen. Manchmal erbeuten sie aber auch Wasservögel und kleinere Säugetiere. Friedfische fressen Pflanzen und Kleintiere.

Hecht, Wels, Flussbarsch und Dornhai sind Raubfische, Rotfeder, Scholle und Hering gehören zu den Friedfischen.

Schwarmfische schließen sich in Gruppen zusammen. Diese werden wie bei den Vögeln als Schwärme bezeichnet. Die Mitglieder eines Schwarmes verhalten sich ähnlich, indem sie zum Beispiel dicht beieinander in die gleiche Richtung schwimmen. Zu den Schwarmfischen gehört der Hering.

2 Vergleiche die Kopfform von Hecht und Flussbarsch. Ziehe Schlussfolgerungen.

An der Kopfform eines Hechtes fällt vor allem das große und sehr breite Maul auf. Die Kiefer tragen relativ lange und spitze Zähne. Der Flussbarsch hat hingegen ein kleines, eher spitz zulaufendes Maul. Die Maulformen lassen Rückschlüsse auf die Ernährungsweise der beiden Fischarten zu. Mit dem breiten Maul kann der Hecht große Beutetiere fangen und verschlingen. Er ist ein Lauerjäger, der aus einem Versteck vorschnellt, um Beute zu fangen. Der Flussbarsch hingegen sucht nach Insektenlarven, Krebsen und kleineren Fischen. Sein Maul funktioniert eher wie eine Pinzette.

Seite 111

3 Vergleiche die Körperform von Scholle und Hering. Stelle jeweils die Angepasstheit an den Lebensraum dar.

Schollen sind seitlich stark abgeplattete Fische, die mit der linken Körperseite flach auf dem Meeresboden liegen. Sie leben am Meeresboden und tarnen sich mit einer dünnen Schicht aus Sand oder Schlick. Mit dieser Tarnung entgehen sie Räubern. Meist kann man von einer Scholle nur die Augen sehen. Auch wenn eine Scholle schwimmt, bewegt sie sich flach über dem Meeresgrund hinweg. Der abgeplattete Körper ist also eine Angepasstheit an das Leben am flachen Meeresboden.

Heringe haben eine spindelförmige Körperform, mit der sie sich im freien Wasser schnell fortbewegen können. Eine schnelle Fortbewegung ermöglicht die Flucht, wenn sich Raubfische dem Schwarm nähern.

4 Recherchiere, wie Kabeljau vom Menschen genutzt wird.

Kabeljau hat einen relativ neutralen Geschmack. Das heißt, er schmeckt nicht so intensiv nach Fisch. Dadurch kann er für die Zubereitung vieler Gerichte verwendet werden. Sein Fleisch ist vergleichsweise fettarm, was einer gesunden Ernährung sehr entgegen kommt. Es lässt sich gut trocknen und damit auch gut ohne Kühlung lagern. Die Leber vom Kabeljau ist sehr vitaminreich und wohlschmeckend. Sie wird als Dorschleber in Dosen verkauft.

Seite 113

1 Erläutere die Vorteile der Rekultivierung eines Baches.

Für die Rekultivierung von Fließgewässern gelten technische, ökologische und ästhetische Anforderungen. Zu den technischen Baumaßnahmen gehören die Beseitigung von Betoneinfassungen und Mauern sowie die Schaffung eines neuen Bachbettes mit Kurven, Altwässern und unterschiedlich hohen Böschungen. Ökologische Anforderungen betreffen die Schaffung und Sicherung der Lebensräume im und am Wasser. Hierzu gehören die Anlage von Bachabschnitten mit unterschiedlicher Wasserströmung, der Einbau von Laichzonen und die Auswahl der Pflanzen am Ufer. Ästhetische Anforderungen gelten für das Gesamtbild der rekultivierten Bachabschnitte sowie die touristische Erschließung, also eine angemessene zukünftige Nutzung dieser Landschaft für unterschiedliche menschliche Aktivitäten.

Durch die Beseitigung von Betoneinfassungen und Mauern sowie die Schaffung eines neuen Bachbettes mit Kurven, Altwässern und unterschiedlich hohen Böschungen werden die Lebensräume im und am Wasser gesichert und neue Lebensräume geschaffen. Hierzu gehören die Anlage von Bachabschnitten mit unterschiedlicher Wasserströmung, der Einbau von Laichzonen und die Auswahl der Pflanzen am Ufer. Durch derartige Maßnahmen wird die Vielfalt des Lebens gesichert; außerdem werden Erholungsräume für den Menschen geschaffen.

2 Fertige Steckbriefe für Maifisch und Meeresneunauge an.

Name: **Maifisch** *(Alosa alosa)*
Familie: Heringsfische
Vorkommen: Nordatlantik bis Marokko, nordwestliches Mittelmeer, vereinzelt in der Ostsee
Körpermaße: 40 bis 70 cm Länge, bis 4 kg schwer
Aussehen: metallisch glänzend, silbrig blaugrüner Rücken, Seiten und Bauch silbrig weiß, dunkler Fleck hinter den Kiemen
Nahrung: Kleinkrebse
Besonderheit: Wanderfisch; laichbereite Tieren schwimmen die Flüsse aufwärts bis in den Oberlauf, Eiablage an flachen, kiesigen Stellen mit starker Strömung
Gefährdung: Vom Aussterben bedroht

Name: **Meeresneunauge** *(Petromyzon marinus)*
Familie: Rundmäuler
Vorkommen: Nordsee und Nordatlantik bis Portugal
Körpermaße: bis 1,20 m Länge
Aussehen: aalförmiger, schleimbedeckter Körper, keine Schuppen, keine Flossen, rundes Saugmaul mit Hornzähnen, 7 Kiemenöffnungen, grau bis grünbraun, Oberseite mit ockerfarbenen Flecken
Nahrung: Blut und Gewebsfetzen von Fischen
Besonderheit: Wanderfisch; laichbereite Tiere schwimmen die Flüsse aufwärts bis in den Oberlauf, Eiablage an flachen, kiesigen Stellen mit starker Strömung
Gefährdung: Stark gefährdet

3 Entwirf einen Kurzvortrag zum Thema »Wiedereinbürgerung des Lachses im Rhein.« Nutze bei der Materialsuche auch das Internet.

Zur Planung, Vorbereitung und Aufbau eines Kurzvortrags siehe Methode »Vorbereiten eines kurzen Vortrags«, Seite 91.

2 Lurche – Leben im Wasser und an Land

Seite 115

1 Beschreibe, wie ein Wasserfrosch seine Beute fängt.

Ein Wasserfrosch kann eine Beute nur erkennen, wenn sich diese bewegt. Er wartet, bis sie sich in seinem Fangbereich befindet. Dann schleudert er seine klebrige Zunge auf die Beute. Dadurch klebt diese an der Zunge fest und wird mit dieser in das Maul gezogen. Dort wird die Beute unzerkleinert heruntergewürgt.

2 Erläutere, warum Wasserfrösche sich sehr lange am Gewässerboden aufhalten können.

Wasserfrösche können außer mit ihren Lungen auch über ihre Körperhaut atmen. Wenn sie sich unter Wasser ruhig verhalten, reicht die über die Haut aufgenommene Sauerstoffmenge aus. Da Amphibien wechselwarm sind, sinkt ihre Körperaktivität mit der Umgebungstemperatur. Dadurch verringert sich im Winter ihr Sauerstoffbedarf so weit, dass sie sogar Monate unter Wasser bleiben können.

Seite 116

1 Vergleiche die Angepasstheiten von Kaulquappe und Frosch.

Kaulquappen sind anfangs vollständig an das Leben im Wasser angepasst. Sie besitzen Kiemen, einen Ruderschwanz und eine weiche, feuchte Haut. Bei der Metamorphose zum Frosch werden diejenigen Organe entwickelt, die zum Leben an Land nötig sind, nämlich Lungen und Beine. Erhalten bleibt bei Fröschen weiterhin die feuchte Haut. Der Darm verkürzt sich und verbunden damit wird die Ernährung auf tierische Nahrung wie Insekten umgestellt.

Seite 117

1 Vergleiche die Entwicklung von Teichmolch und Wasserfrosch.

Die Entwicklung des Teichmolchs verläuft ähnlich wie die des Wasserfroschs, allerdings weniger auffällig, vor allem weil der Ruderschwanz erhalten bleibt. Aber auch hier werden die Kiemen zurück- und Lungen ausgebildet, die aber wenig leistungsfähig sind. Unterschiede bestehen auch in der zeitlichen Reihenfolge, in der die Beine auswachsen: Beim Teichmolch wachsen anders als bei Fröschen zuerst die Vorder- und dann die Hinterbeine.

Seite 118

1 Bestimme die nebenstehend abgebildeten Lurche und beschreibe den Weg im Bestimmungsschlüssel.

A: Laubfrosch
Start → kein Schwanz → Froschlurche → heller Bauch → Kröten und Frösche → Kröten und Frösche mit Haftscheiben → Laubfrosch
B: Feuersalamander
Start → Schwanz → Schwanzlurche → runder Schwanz → Landmolche → schwarze Haut mit gelben Flecken → Feuersalamander
C: Erdkröte
Start → kein Schwanz → Froschlurche → heller Bauch → Kröten und Frösche → Kröten und Frösche ohne Haftscheiben → stark warzige Haut → bräunlich gefleckt → Erdkröte
D: Teichmolch
Start → Schwanz → Schwanzlurche → seitlich abgeplatteter Schwanz → Wassermolche → Kopf mit gelblichweißen Streifen → Teichmolch

Seite 120

1 Erstelle ein Säulendiagramm aus den Daten der Abbildung 3 und ziehe Schlussfolgerungen.

Aus den Daten ergibt sich, dass die Anzahl der Kleingewässer beziehungsweise der Hecken in dem betrachteten Zeitraum von 100 Jahren stark abgenommen hat. Gleichzeitig hat die Anzahl der Straßen zugenommen. Da Amphibien Laichgewässer und für ihre Wanderungen Deckung benötigen, wirkt sich der Rückgang der Anzahl der Kleingewässer bzw. der Hecken auf die Zahl ihrer Nachkommen aus. Die größere Anzahl von Straßen erhöht die Zahl der Verkehrsopfer unter den Amphibien.

Seite 121

A1 Aufbau der Amphibienhaut
a) Erkläre die Zusammenhänge zwischen dem Bau der Haut eines Frosches und ihrer Funktion als Atmungsorgan.

Die Haut des Frosches ist dünn, stark durchblutet und durch Schleimdrüsen stets feucht. Dies sind die hinreichenden Voraussetzungen für einen wirkungsvollen Gasaustausch.

b) Erkläre die Funktion der Schleimdrüsen.

Der Schleim überzieht die gesamte Haut eines Frosches. Diese Schleimschicht hält die Froschhaut feucht, sodass die Hautatmung uneingeschränkt stattfinden kann. An trockener Luft könnte die Schleimschicht leicht austrocknen und der Frosch würde dann ersticken. Deshalb wird die Schleimschicht mithilfe der Schleimdrüsen ständig nachgebildet. Außerdem sind Frösche auf einen stets feuchten Lebensraum angewiesen. Sie sind Feuchtlufttiere.

A2 Sauerstoffbedarf
Beschreibe das Diagramm und erkläre die Zusammenhänge.

Frösche können als wechselwarme Tiere ihre Körpertemperatur nicht selbstständig regulieren, sie wird von der Außentemperatur bestimmt. Daher müssen sie auch keine Energie bereitstellen, um ihre Körpertemperatur zu halten. Dies äußert sich in einem stets relativ geringen Sauerstoffverbrauch. Die Maus als gleichwarmes Tier muss deutlich mehr Energie aufwenden, um ihre Körpertemperatur unabhängig von der Umgebungstemperatur konstant zu halten. Je kälter es ist, desto mehr Energie muss sie hierfür aufwenden. Daher liegt der Sauerstoffverbrauch der Maus höher und steigt bei tiefen Temperaturen weiter an.

A3 Larvenstadien eines Frosches
Ordne die abgebildeten Larvenstadien eines Froschs in die richtige zeitliche Abfolge und begründe.
C, B, D, A; Begründung: C: äußere Kiemen; B: innere Kiemen; D: nur Hinterbeine; A: zusätzlich Vorderbeine

A4 Fortpflanzung beim Erdbeerfrosch
a) Diskutiere die Vor- und Nachteile von Bromelientümpeln als Lebensraum für Kaulquappen.
Bromelientümpel sind kleine Wasseransammlungen und können die meist größeren Fressfeinde der Kaulquappen kaum beherbergen. Die Kaulquappen sind relativ sicher. Anderseits findet sich in diesen kleinen Tümpeln auch wenig Nahrung für die Kaulquappen.
b) Erläutere, warum Erdbeerfrösche im Vergleich zu anderen Fröschen nur sehr wenige Eier ablegen.
Erdbeerfrösche betreiben Brutpflege, indem sie die Nachkommen umhertragen und füttern. Dadurch haben die Nachkommen eine höher Chance, Fressfeinden nicht zum Opfer zu fallen. Deshalb sind wenige Nachkommen ausreichend.

A5 Schutz von Lurchen
Erläutere die in der Abbildung dargestellten Maßnahmen zum Schutz von Lurchen.
Krötenzäune hindern Amphibien am Queren von Straßen und leiten sie zu eingegrabenen Fangeimern. Dort werden sie eingesammelt und über die Straße gebracht. Mithilfe von Krötentunneln können Amphibien Straßen selbstständig und gleichzeitig gefahrlos unterqueren.

3 Reptilien sind an viele Lebensräume angepasst

Seite 123

1 Vergleiche das Skelett und die inneren Organe eines Reptils und eines Säugetieres.
Reptilien und Säugetiere sind Wirbeltiere. Daher stimmen sie in allen Merkmalen überein, die für Wirbeltiere typisch sind. Wesentliche Unterschiede bestehen u. a. in:

Merkmal	Säugetiere	Reptilien
Stellung der Beine	unter dem Körper	seitlich am Körper
Körperoberfläche	Haare	Schuppenkleid
Herz	2 Hauptkammern	1 Hauptkammer
Enddarm und Harnweg	Enddarm und Harnweg getrennt	Kloake
Temperaturregulation	gleichwarm	wechselwarm

2 Erläutere die Vor- und Nachteile der auffälligen grünen Färbung der männlichen Zauneidechsen.
Vorteile: Mit ihrer auffälligen Färbung zeigen die Männchen anderen, dass ihr Revier schon besetzt ist, und locken die Weibchen an.
Nachteile: Durch ihre auffällige Färbung werden die Männchen von Fressfeinden leichter entdeckt.

Seite 125

1 Beschreibe die Fortbewegung der Ringelnatter am Ufer und im Wasser. Erläutere die Unterschiede.
im Wasser: ausgeprägte Schlängelbewegungen
an Land: leichte Schlängelbewegungen und Abdrücken mit den Bauchschuppen

2 Beschreibe, wie eine Kreuzotter ihre Beute auffindet.
Die Kreuzotter nimmt mit ihrer Zunge Duftstoffe aus der Luft auf und führt diese ihrem Riechorgan am Gaumendach zu. Durch Hin- und Herbewegen des Kopfes stellt sie die Richtung fest, aus welcher der Duftstoff kommt.

3 Klapperschlangen besitzen als zusätzlichen Spürsinn Wärmesensoren. Überlege, welches die hauptsächlichen Beutetiere dieser Schlangen sind.
Vorwiegende Beute sind kleine, gleichwarme Säugetiere, die sich in ihrer Wärmeabstrahlung deutlich von ihrer Umgebung unterscheiden. Die Schlange kann sie daher allein mit ihren Wärmesensoren auffinden.

Seite 126

1 Erläutere Schutzmaßnahmen für Kriechtiere.
Durch die Erhaltung und den Schutz von Feuchtgebieten und Trockenstandorten wird der Lebensraum der Kriechtiere geschützt. Sie benötigen ruhige Biotope um sich fortpflanzen zu können. Der Erhalt alter Mauern und das Anlegen neuer Mauern mit losen Steinen bieten den Kriechtieren Rückzugsmöglichkeiten und Platz zum Sonnen. Der Verzicht auf Insektenvernichtungsmittel erhält die Nahrungsgrundlage von Eidechsen. Das Anlegen von Hecken bietet den Kriechtieren und ihrer Beute einen Lebensraum und stellt sowohl Rückzugsmöglichkeit als auch Jagdgebiet dar. Ein Entnahmeverbot für Kriechtiere verhindert, dass wild lebende Tiere eingefangen und in Terrarien gehalten werden. Zusätzlich sind Programme zur Wiederansiedlung bestimmter Arten von Kriechtieren sinnvoll.

Seite 127

1 Erläutere am Beispiel der Blindschleiche die Angepasstheiten an den Lebensraum.

Da die Blindschleiche sich gegen Fressfeinde nicht wehren kann, hält sie sich überwiegend an schattigen Orten auf, wo es zahlreiche Versteckmöglichkeiten gibt, wie beispielsweise enge Bodenlöcher, in die sie sich mit ihrer schlanken Körperform leicht zurückziehen kann. Im Notfall kann sie ähnlich wie Eidechsen einen Teil ihres Schwanzes abwerfen. Da sich der abgeworfene Schwanzteil noch kurze Zeit bewegt, wird der Fressfeind von ihr selbst abgelenkt und sie kann entkommen.

Ihre glitschige Nahrung, Regenwürmer und Nacktschnecken, verschluckt die Blindschleiche als Ganzes. Dabei helfen ihr die nach hinten gerichteten Zähne die Beute festzuhalten.

Seite 128

A1 Verhalten der Zauneidechse
Beschreibe das Verhalten der Eidechsen und erläutere diese Verhaltensweisen.

Die Eidechse sucht im Verlauf dieses Sommertags stets die Temperaturbereiche in ihrem Lebensraum auf, die ihr am angenehmsten sind: Am frühen Morgen sonnt sie sich, um ihre Körpertemperatur zu erhöhen (A). Zur heißesten Tageszeit verbirgt sie sich in einem kühleren Unterschlupf (D). Nach der heißesten Tageszeit kommt sie wieder aus ihrem Unterschlupf, muss aber dafür sorgen, dass sich ihre Körpertemperatur auf dem heißen Stein nicht zu sehr erhöht. Um ihre Körpertemperatur zu senken, streckt sie einzelne Beine hoch, um sie in der kühleren Luft abzukühlen (C). Wenn es kühler wird, nutzt sie die Wärme der Steine, um ihre Körpertemperatur noch für eine gewisse Zeit hoch zu halten (B).

A2 Färbungen bei Korallenschlangen
a) Erläutere die Bedeutung der auffälligen Färbung der Korallenschlangen.

Durch die auffällige Färbung signalisieren Korallenschlangen möglichen Fressfeinden, dass sie giftig sind. [Man bezeichnet dies als Warntracht].
Diese Färbung ist sowohl für die Schlangen als auch für deren mögliche Fressfeinde vorteilhaft.

b) Erkläre, welche Vorteile die unechten Korallenschlangen durch ihre Färbung haben.

Bei unechten Korallenschlangen hat sich eine ähnliche Färbung wie bei den Korallenschlangen herausgebildet. [Man bezeichnet dies als Mimikry.] Damit können sie die Schutzwirkung dieser Färbung nutzen, ohne selbst Gift produzieren zu müssen. Dies stellt einen bedeutenden Vorteil dar.

A3 Fortpflanzung bei der Bergeidechse
a) Erläutere den Zusammenhang zwischen dem Lebensraum und der besonderen Fortpflanzungsweise der Bergeidechsen.

Im Gebirge sind geeignete Bodentemperaturen für die zügige Entwicklung von Reptilieneiern eher selten. Daher ist es günstig, die Eier je nach Umgebungstemperatur an geeignete Stellen zu bringen. Dies geschieht am einfachsten, wenn die Eier überhaupt nicht abgelegt werden, sondern im Weibchen verbleiben.

b) Stelle Vor- und die Nachteile dieser besonderen Fortpflanzungsweise zusammen.

Vorteile sind, dass sich die Eier in jeweils optimalen Umgebungen entwickeln können. Zusätzlich sind die Eier vor Fressfeinden besser geschützt.
Nachteilig ist, dass die Anzahl der Nachkommen pro Weibchen verhältnismäßig klein ist. Auch der Aufwand des Weibchens für die Fortpflanzung ist höher.

A4 Panzerformen bei Schildkröten
Erläutere, welcher Zusammenhang zwischen der Form der Panzer und den Lebensräumen dieser Schildkröten besteht.

Bei dem gewölbten Panzer (links) handelt es sich um den Panzer einer Landschildkröte. Diese Schildkröten bewegen sich ausschließlich an Land, ein strömungsgünstiger Panzer wird daher nicht benötigt. Der hohe, massive Panzer bietet hingegen deutlich mehr Platz, die Beine und den Kopf unter den Panzer einzuziehen. So ist die Schildkröte besser gegen ihre zahlreichen Fressfeinde geschützt.

Bei dem flachen Panzer (rechts) handelt es sich um den Panzer einer Sumpfschildkröte. Diese Schildkröten leben hauptsächlich im Wasser. Ein flacher Panzer verringert bei der Fortbewegung im Wasser den Strömungswiderstand. Ein solcher strömungsgünstiger Panzer erleichtert somit die Fortbewegung im Wasser und ist daher vorteilhaft.

Wissen vernetzt –
Fische, Lurche, Kriechtiere in ihren Lebensräumen

Seite 130

A1 Hering und Makrele
a) Vergleiche die Kopfform bei Hering (A) und Makrele (B).
Sowohl Hering als auch Makrele haben eine sehr ausgeprägte Stromlinienform. Das Vorderende ist ziemlich stumpf. Der Körper wird nach hinten zu schlanker. Diese Körperform wird als »Torpedo-Form« bezeichnet. Torpedos werden von U-Booten auf feindliche Kriegsschiffe abgeschossen. Diese Unterwassergeschoße sollen möglichst schnell und ohne großen Wasserwiderstand schwimmen können.
b) Ziehe Schlussfolgerungen auf die Lebensweise beider Arten.
Fische mit einer Torpedoform gleiten schnell und beinahe mühelos durch das Wasser. Diese Körperform findet man bei Fischarten, die im Bereich der Hochsee leben.

A2 Atmung beim Frosch
In der abgebildeten Versuchsanordnung soll die Atmung eines Frosches untersucht werden.
a) Erstelle ein Versuchsprotokoll (Durchführung, Beobachtung, Auswertung).
Durchführung: Ein Frosch sitzt in einem Aquarium, dessen Wassertemperatur gemessen wird. Über Eis bzw. eine Tauchheizung in einem größeren Aquarium wird die Wassertemperatur im Froschaquarium geregelt.
Beobachtung: Erhöht man die Wassertemperatur in Schritten von 5 °C von 0 °C auf 30 °C, so kann man bis 10 °C keine Atmung des Frosches beobachten. Bei 15 °C sind 6 Atemzüge pro Minute nachzuweisen. Die Atmungsaktivität nimmt nun schnell zu und erreicht bei 30 °C 84 Atemzüge pro Minute.
Auswertung: Der Frosch ist ein wechselwarmes Tier. Seine Körpertemperatur und somit auch seine Stoffwechselgeschwindigkeit und seine Atmungsaktivität hängen von der Umgebungstemperatur ab.
b) Erläutere das Überwinterungsverhalten der Frösche. Stelle einen begründeten Zusammenhang zu dem abgebildeten Versuch her.
Im Winter liegt die Wassertemperatur in Gewässern nur wenig über 0 °C. Die Frösche atmen bei diesen Temperaturen nicht über die Lungen, sondern decken ihren geringen Sauerstoffbedarf durch Hautatmung und können daher für viele Wochen unter der Wasseroberfläche überleben.

A3 Wabenkröte
a) Erläutere die besonderen Vorteile des Brutpflegeverhaltens der Wabenkröten.
Die weibliche Wabenkröte trägt ihren Nachwuchs ständig mit sich herum. In den Waben eingebettet sind die Larven und Jungfrösche vor Feinden und ungünstigen Umwelteinflüssen gut geschützt.
b) Vergleiche die Entwicklung der Embryonen von Wasserfrosch, Wabenkröte und Reptilien.
Die Weibchen der Wasserfrösche legen ihre Eier frei in das Wasser ab, wo sie von den Spermien befruchtet werden. Danach werden die befruchteten Eier sich selbst überlassen. Die Embryonen wachsen in den Eiern heran, bis die Larven schlüpfen. Wabenkröten haben ebenfalls eine äußere Befruchtung. Die Eier werden aber von der Mutter getragen. Die Entwicklung der Embryonen und Larven geschieht in den Waben der Rückenhaut. Bei Reptilien erfolgt die Befruchtung im Inneren des weiblichen Körpers. Dort werden Eier gebildet, die von Häuten und Schalen umgeben sind. Die Embryonen entwickeln sich außerhalb des Körpers der Mutter in den Eiern.
c) »Die Wabenkröte lebt nicht mehr amphibisch.« Diskutiere diese Aussage und stelle Argumente gegenüber.
Die einheimischen Kröten verbringen einen Teil ihres Lebens im Wasser. So müssen die Befruchtung, die Entwicklung der befruchteten Eier und Larven im Wasser erfolgen. Die jungen Kröten verlassen aber im selben Jahr das Wasser und führen ein Leben an Land. Wenn Wabenkröten nicht mehr amphibisch leben, kann dies bedeuten, dass sie entweder ihr gesamtes Leben im Wasser verbringen oder ausschließlich an Land leben. Für ein ausschließliches Leben im Wasser spricht die äußere Befruchtung der Eier. Wenn die Spermien vom Männchen außerhalb des Körpers über die Eizellen gegeben werden, kann dies nur im Wasser geschehen. Sonst würden die Spermien und die Eizellen schnell austrocknen. Gegen ein Leben im Wasser spricht aber die besondere Embryonalentwicklung der Wabenkröten. Die Embryonen entwickeln sich in den Waben geschützt in der feuchten Haut der Mutter. Durch die besondere Struktur der Waben wäre auch ein Leben an Land denkbar.

Seite 131

A4 Fisch oder Kriechtier?
a) Begründe, ob es sich bei dieser Tierart um einen Fisch oder ein Kriechtier handelt.
Der Körper ist stromlinienförmig mit steil aufgestellter Rückenflosse und einer kräftigen Schwanzflosse. Anstelle von Vorder- und Hinterbeinen findet man Flossen. Es handelt sich jedoch nicht um einen Fisch. Denn die Weibchen entwickelten in ihrem Körperinneren jeweils mehrere Embryonen. Die Jungtiere wurden lebend geboren und mussten sofort auftauchen, um den ersten Atemzug an der Wasseroberfläche durchzuführen. Dieses Tier war also kein Kiemenatmer sondern Lungenatmer. Es handelt sich um einen »Fischsaurier« *(Ichthyosaurier)*, also um ein Kriechtier.

b) Ziehe aus Text und Abbildung begründete Schlussfolgerungen über die Lebensweise und den Lebensraum dieses Tieres. Wende die maßgeblichen biologischen Prinzipien an.
Aus der Stromlinienform (Torpedo-Form) des Körpers kann auf den Lebensraum »Hochsee« geschlossen werden. Ichthyosaurier waren vollständig an das Leben im Meer angepasst (EF: Angepasstheit). Sie waren hervorragende, schnelle und gewandte Schwimmer, die sich vor allem mit kräftigen Schlägen ihrer Schwanzflosse bewegten (EF: Struktur und Funktion). Als Lungenatmer hielten sie sich vorwiegend an der Meeresoberfläche auf, auch wenn sie sicherlich gut und lange Zeit tauchen konnten. Ihre Nahrung bestand aus Fischen und Tintenfischen.

A5 Baumschlange
a) Beschreibe, wie sich die Schlangen zwischen den Ästen eines Baumes bewegen können.
Eine Baumschlange hat wie alle Schlangen eine sehr biegsame Wirbelsäule. Beim Kriechen legt sie ihren Körper in Windungen, mit denen sie die Äste und den Stamm eines Baumes umgreift. Mit den Bauchschuppen stemmt sie sich in Unebenheiten des Untergrundes ein. Durch die Muskelbewegungen schiebt sie sich voran.

b) Von den etwa 3000 Schlangenarten weltweit sind rund 500 Arten giftig. Erläutere verschiedene Möglichkeiten des Gifteinsatzes bei Schlangen.
Der Giftbiss einer Schlange ist gegen bestimmte Beutetiere gerichtet. Die Art des verwendeten Giftes und die Stärke der Giftwirkung stellen Angepasstheiten im Rahmen des Beutefangs dar. Eine Schlange setzt ihren Giftbiss aber auch zur Abwehr ein, wenn sie sich bedroht fühlt.

c) Stelle eine begründete Hypothese auf, welche Funktion die Färbung einer Baumschlange hat.
Die grüne Färbung von Baumschlangen stellt eine Tarnung im grünen Laub der Bäume dar, auf denen diese Schlangen leben. Die Färbung stellt eine Angepasstheit an die Verhältnisse im Lebensraum dar. Hierfür gibt es zwei Erklärungsmöglichkeiten. Die Färbung könnte eine Schutzfärbung gegenüber Fressfeinden darstellen, oder sie tarnt die Schlange, damit sie von ihren Beutetieren nicht gesehen werden kann.

A6 Skelette von Kriechtieren

a) Vergleiche den Aufbau des Skeletts von Schlange, Eidechse und Schildkröte miteinander. Nenne Gemeinsamkeiten und Unterschiede.

Schlange: Skelett aus Schädel und Wirbelsäule aus zahlreichen Wirbeln mit Rippen (nur die Schwanzwirbelsäule ist ohne Rippen); Becken, Schultergürtel und Gliedmaßen fehlen;

Eidechse: Skelett aus Schädel, Wirbelsäule mit Brustkorb, Schwanzwirbelsäule, Schultergürtel, Becken und Gliedmaßenskelett ähnlich wie bei anderen Landwirbeltieren;

Schildkröte: Skelett ähnlich wie bei Eidechsen, aber mit stärker ausgebildetem Schulter- und Beckenskelett sowie breit ausgebildeten seitlichen Wirbelfortsätzen (Wirbelplatten); zusätzlich als Panzerung ein äußerer Schild aus Knochenplatten mit darüber liegenden Hornschildern.

Anmerkung: In der Zeichnung ist nur der Rückenschild berücksichtigt, der mit dem Schulter- und Beckengürtel sowie mit den Wirbelplatten verwachsen ist; der Bauchschild ist entfernt.

b) Erkläre aus dem unterschiedlichen Skelettaufbau die verschiedenartige Fortbewegung bei Schlangen und Eidechsen.

Wegen der fehlenden Gliedmaßen können Schlangen nur schlängelnd kriechen, wozu sie ihre lang gestreckte Körpergestalt, die sehr bewegliche Wirbelsäule und die halbkreisförmigen, beweglichen Rippen befähigen.

Eidechsen setzen ihre seitlich am Körper stehenden Gliedmaßen beim Laufen über Kreuz. Dabei muss die Wirbelsäule eine schlängelnde Begleitbewegung ausführen, die sich auch auf den Schwanz überträgt. Auch für die Fortbewegung der Eidechsen ist also eine sehr bewegliche Wirbelsäule auch im Schulter- und Beckenbereich, notwendig.

Verwandtschaft bei Wirbeltieren

Zu Land, zu Wasser und in der Luft

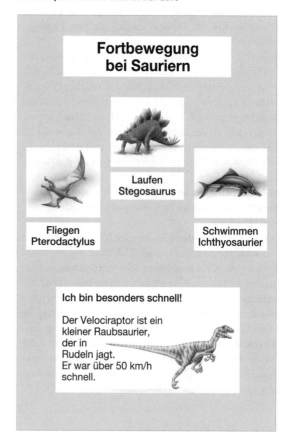

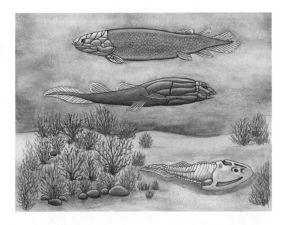

Fische in der Urzeit
1 Quastenflosser, 2 Panzerfisch, 3 Kieferloser
Die ältesten fossilen Fische stammen aus dem Ordovicium und sind etwa 500 Millionen Jahre alt. Sie hatten noch keine Kiefer und Zähne und werden als Kieferlose bezeichnet. Sie ernährten sich von Kleinlebewesen am Meeresboden, die sie mit einer Art Reuse aus dem Atemwasser filterten. Sie starben am Ende des Devons aus.
Im Devon (Beginn vor etwa 410 Millionen Jahren) lebten die Panzerfische. Ihr Vorderkörper war durch dicke Knochenplatten geschützt. Viele Arten hatten kräftige Zähne, einige wurden 8 bis 9 Meter lang. Sie starben im Karbon (Beginn vor 280 Millionen Jahren) aus.
In den Gewässern der Devonzeit lebten auch die Quastenflosser. Sie besaßen paarige Brust- und Bauchflossen, die ein gegliedertes Flossenskelett aufwiesen. Die meisten Quastenflosser starben bis zur Kreidezeit (Beginn vor 140 Millionen Jahren) aus, aber eine Art hat bis heute im Indischen Ozean überlebt.

Frieren Pferde im Winter?
Pferde haben ein dichtes Fell. Im Herbst erfolgt ein Haarwechsel vom Sommerfell zum dichteren Winterfell. Sie sind also vor der Kälte gut geschützt.
[Bezug auf Lehrbuch Seite 134]

Versteinerung eines Fisches
Die Versteinerung lässt die Wirbelsäule, das Kopfskelett und den Aufbau der Flossen gut erkennen. Der Vergleich mit dem Skelett eines heutigen Knochenfisches wie zum Beispiel eines Karpfens zeigt, dass Fische vor 120 Millionen Jahren praktisch gleichen Aufbau und gleiche Körpergestalt hatten wie heutige Knochenfische.

Spuren im Schnee
Mäuse sind Säugetiere, die Amsel gehört zu den Vögeln. Säugetiere und Vögel sind gleichwarm, das heißt, sie müssen Energie aufbringen, um ihre Körpertemperatur auf einem gleichmäßig hohen Wert zu halten. Sie sind jedoch auch im Winter aktiv und können deshalb im Schnee ihre Spuren hinterlassen.
Die Zauneidechse gehört zu den Kriechtieren, die Erdkröte zu den Lurchen. Sie sind wechselwarm und verkriechen sich im Spätherbst in ein Versteck. Sie überdauern den Winter in Winterstarre. Deshalb kann man von ihnen keine Spuren im Schnee finden.

1 Wirbeltiere im Vergleich

Seite 135

1 Erläutere am Beispiel der Haut und der Atmungsorgane den Zusammenhang von Struktur und Funktion. Wende das biologische Prinzip Wechselwirkungen an.

Der Zusammenhang zwischen Struktur und Funktion wird auch deutlich, wenn man die Haut und die Atmungsorgane der Säugetiere betrachtet.
Fische verfügen über eine mit Knochenschuppen bedeckte Haut und haben Kiemen. Diese Haut schützt die Fische vor Verletzungen und die Kiemen ermöglichen eine Atmung unter Wasser.
Im Gegensatz zu den Fischen ist die Haut der Lurche mit Schleim bedeckt. Dies ermöglicht den für die Hautatmung nötigen Gasaustausch. Lurche leben an Land und im Wasser. Die Larven der Lurche verfügen daher über Kiemen zur Atmung im Wasser, die erwachsenen Tiere haben Lungen, um an Land überleben zu können.
Kriechtiere, Vögel und Säugetiere sind Landtiere und atmen daher mit Hilfe ihrer Lungen. Die Haut der Kriechtiere verfügt über schützende Hornschuppen auf ihrer Oberfläche. Vögel und Säugetiere sind gleichwarme Tiere, die zur Aufrechterhaltung der Körpertemperatur Federn bzw. Haare auf der Oberfläche ihrer Haut haben.

2 Erkläre, weshalb der Stichling weniger Eier legt als die Forelle.

Forellenweibchen bauen eine Laichgrube, in die sie die Eier ablegen. Sie betreiben Brutfürsorge, kümmern sich jedoch nicht weiter um den Nachwuchs. Deshalb sind die Eier und Jungtiere ziemlich gefährdet. Durch eine große Eizahl werden die Verluste ausgeglichen. Stichlinge betreiben Brutpflege. Sie beschützen und pflegen die Eier und verteidigen das Nest. Dies gelingt nur bei einer niedrigen Zahl an Nachkommen, führt aber zu deutlich geringeren Verlusten.

3 Der Diskusfisch, ein beliebter Aquarienfisch, wird manchmal als »Säugefisch« bezeichnet. Recherchiere und erläutere.

Die Weibchen von Diskusfischen heften ihre Eier an eine geeignete Unterlage. Beide Elterntiere bewachen die Brut und fächeln dieser Frischwasser zu, sodass genügend Sauerstoff an die Eier gelangt und sich keine Bakterien absetzten können. Die frisch geschlüpften Fischlarven werden von den Eltern mit dem Maul aufgenommen und an einer anderen Stelle wieder ausgespuckt. Die Elterntiere bilden ein nährstoffreiches Hautsekret, von dem sich die Fischlarven eine Zeit lang ernähren, bevor sie selbstständig Futter suchen können. Diese besondere Form der Brutpflege kann mit dem Säugen der Jungen bei Säugetieren verglichen werden.

2 Fossilien und Erdgeschichte

Seite 139

1 Fertige eine Tabelle der Erdzeitalter an. Trage wichtige Gruppen von Lebewesen ein, die jeweils neu aufgetreten sind.

Erdzeitalter	Neu auftretende Gruppen von Lebewesen
Erdneuzeit	Vögel und Säugetiere; Blütenpflanzen; Mensch
Erdmittelalter	Reptilien (Saurier); erste Vögel und Säugetiere; Bäume und Kräuter
Erdaltertum	mehrere Tiergruppen, darunter Wirbeltiere (Fische, Lurche, Reptilien); Algen; erste Samenpflanzen
Erdfrühzeit	Entstehung des Lebens, einfachste Lebewesen
Erdurzeit	–

3 Vom Wasser ans Land

Seite 141

1 Beschreibe die Entwicklung des Gliedmaßenskeletts bis zum Urkriechtier.

Die Entwicklung der Gliedmaßen ging von den Brust- und Bauchflossen von Knochenfischen aus. Diese paarig angelegten Flossen wurden durch Knochen gestützt. Bei den fossilen Lungenfischen waren diese Flossen mit Muskeln ausgestattet. Sie unterstützten die Tiere bei der Fortbewegung in flachem Wasser oder über schlammiges Land. Der Lungenfisch Tiktaalik besaß bereits Oberarmknochen, Elle, Speiche und Handwurzelknochen. Anstelle von Fingern waren Flossenstrahlen vorhanden. Diese Tiere konnten sich an Land nur langsam kriechend aufhalten. Erst bei den Urlurchen entstanden Schulter- und Beckengürtel als Ansatzpunkt für das Vorderbein- und Hinterbeinskelett. Das war Voraussetzung für das schnelle Laufen der Urkriechtiere.

4 Saurier – Kriechtiere vergangener Zeiten

Seite 143

1 Recherchiere verschiedene Erklärungsversuche zum Aussterben der Saurier.
Die Frage nach dem Aussterben der Dinosaurier muss verschiedene gleichzeitig stattgefundene Phänomene berücksichtigen. Beispiele hierfür sind das gleichzeitige Aussterben der Flugsaurier, Landsaurier und Ichthyosaurier, aber auch der Ammoniten und etwa drei Viertel der Planktonorganismen. Andererseits waren Vögel, Säugetiere und Blütenpflanzen nur wenig betroffen.
- Meteoritentheorie (spektakulär; vieles spricht dafür, z. B. Iridium-Ablagerungen)
- Beinahe-Zusammenstoß mit einem Kometen (mit folgender Klimaänderung)
- Änderung der Strahlungsintensität der Sonne
- Verdrängung der tropischen Wälder durch Nadelholzwälder
- Veränderungen der Zusammensetzung der Atmosphäre
- Konkurrenzkampf mit den sich entwickelnden Säugetieren
- Überspezialisierung der Dinosaurier

5 Stammesgeschichtliche Verwandtschaft

Seite 145

1 Recherchiere die Ernährungsweise von Zahnwalen und Bartenwalen.
Zahnwahl: hat Zähne, Fleischfresser: Tintenfische, Fische, z. T. Meeressäuger
Bartenwal: hat Barteln, Filtration: tierisches Plankton, kleine Fische

2 Kurz nach Entdeckung ihrer Skelette wurden Mosasaurus und Basilosaurus als nah verwandt bezeichnet. Nimm zu dieser Aussage begründet Stellung.
Alle Lebewesen stehen in einer stammesgeschichtlichen Beziehung zueinander. Die verwandtschaftlichen Beziehungen zwischen verschiedenen Tierarten werden ermittelt, indem Wissenschaftler nach gemeinsamen Merkmalen zum Beispiel im Körperbau suchen. Je mehr gemeinsame Merkmale vorhanden sind, desto näher sind die Arten miteinander verwandt. Nahe verwandte Arten haben gemeinsame Vorfahren.

Die Mosasaurier-Skelette und die zeitliche Einordnung in die Kreidezeit vor etwa 150 Millionen Jahren zeigen, dass es sich um an das Wasserleben angepasste Reptilien handelt. Die Basilosaurier dagegen sind viel später einzuordnen, nämlich vor etwa 45 Millionen Jahren. Ihre Schädel und Zähne weisen eindeutig Ähnlichkeiten zu denen von Landsäugetieren auf. Im Vergleich zum Kopf und zum Brustbereich war der restliche Körper sehr lang gestreckt. Beckengürtel und Hinterbeine fehlten. Die Vorderbeine waren zu Flossen umgewandelt. Diese Tiere waren also im Meer lebende Säugetiere und waren die Vorfahren der heutigen Wale.

Wissen vernetzt – Verwandtschaft bei Wirbeltieren

Seite 148

A1 Skelettvergleich
a) Vergleiche die Skelette von Dinosaurier (A), Achaeopteryx (B) und Vogel (C).
Schädel, Elle und Speiche, Mittelhand- und Mittelfußknochen und Becken sind als Vogelmerkmale einzustufen. Die bezahnten Kiefer, Schädeldach, Fingerknochen, Unterschenkelknochen, Rippen und Schwanzwirbelsäule sind typische Reptilienmerkmale.

b) Erstelle in einer Tabelle, welche Merkmale des Archaeopteryx seine Verwandtschaft mit den Kriechtieren und den Vögeln belegen.

Kriechtiermerkmale	Vogelmerkmale
Lange Schwanzwirbelsäule	Federn
Kiefer mit Zähnen	Flügel
drei freie Finger mit Krallen	Armskelett

A2 Schwimmen mit den Füßen
Ordne die genannten Tiere den Bildern sowie den verschiedenen Wirbeltierklassen zu und erläutere an den Beispielen den Zusammenhang von Struktur und Funktion.
Abbildung A: Biber – Säugetiere
Abbildung B: Stockente – Vögel
Abbildung C: Wasserfrosch – Lurche
Abbildung D: Delfin – Säugetier
Zwischen den Zehen des Bibers, der Ente und des Frosches kann man Schwimmhäute erkennen. Die Schwimmhäute bieten dem Wasser einen großen Widerstand, wenn sie sich bei der Bewegung der Gliedmaßen aufspannen. Alle dargestellten Tiere erzielen mit den Schwimmhäuten einen guten Vortrieb im Wasser und können sich dadurch schneller bewegen. Die besondere Struktur der Schwimmhäute ermöglicht eine spezielle Funktion der Gliedmaßen. Beim Delfin stützt

das Vorderbeinskelett ein glattes, ungegliedertes Paddel. Die Funktion der schwimmenden Fortbewegung stellt eine Angepasstheit an den Lebensraum Wasser dar.

A3 Fußspuren im Uferschlamm

a) Stelle Vermutungen über die Herkunft der Spuren an und ordne das Tier einer Wirbeltierklasse zu.

Die Spuren könnten von einem Lurch in den feuchten Uferschlamm gedrückt worden sein. Dafür sprechen mehrere Anhaltspunkte: Die Spur stammt aus dem Devon. In dieser Epoche entwickelten sich die ersten landlebenden Wirbeltiere. Die Spur zeigt die für viele Lurche typischen vier Finger der Hand.

b) Beschreibe die Voraussetzungen für die Besiedlung des Festlandes hinsichtlich Atmung, Körperbedeckung und Fortpflanzung. Wende die entsprechenden biologischen Prinzipien an.

Zur dauerhaften Besiedlung des Festlandes müssen beim Körperbau und den Lebensfunktionen von Wirbeltieren mehrere Voraussetzungen erfüllt sein. Die Atmungsorgane der Landwirbeltiere, die Lungen, befinden sich im Inneren des Körpers. Die spezielle Struktur der großen, feuchten Oberfläche ermöglicht den Gasaustausch zwischen Körper und Außenluft. Die Haut muss entweder feucht gehalten werden wie bei Lurchen, oder durch Hornschichten den Körper vor Austrocknung schützen wie bei Kriechtieren, Vögeln und Säugetieren.

Während bei wasserlebenden Wirbeltieren wie Fischen und Lurchen eine äußere Befruchtung und ein Larvenleben im Wasser vorliegen, müssen die Eizellen der Landwirbeltiere im Inneren der Mutter befruchtet werden. Die Entwicklung der Nachkommen erfolgt in Eiern oder ebenfalls im Inneren der Mutter.

Sowohl mit den besonderen Strukturen von Lunge und Haut als auch mit der besonderen Art der Fortpflanzung sind Landwirbeltiere hervorragend an einen trockenen Lebensraum angepasst. In diesem Beispiel zeigt sich, dass die Basiskonzepte Struktur und Funktion, Fortpflanzung und Angepasstheit miteinander vernetzt sind.

Seite 149

A4 Ein eigenartiges Tier

a) Diskutiert in der Gruppe, warum die Wissenschaftler Schwierigkeiten hatten, das Tier einer bestimmten Wirbeltierklasse zuzuordnen.

Das Tier zeigt Merkmale von Vögeln und Säugetieren. Daher ist es schwierig, eine genaue Zuordnung zu treffen.

b) Schreibt alle Merkmale des Schnabeltieres einzeln auf Karteikarten. Erfasst dabei nur solche Merkmale, die für die Zuordnung des Tieres sinnvoll sein könnten.

Entenschnabel, Schwimmhäute, Fell, Lungen, Eier, Milchdrüsen, Ausbrüten der Eier

[Die Merkmale »Lunge« und »Milchdrüsen« müssen aus den Informationen abgeleitet werden. Das Nahrungsspektrum, die Art des Baues oder die Körperlänge sind keine Merkmale, die für die Zuordnung brauchbar wären.]

c) Ordnet die Karten so, dass zueinander passende Merkmale jeweils für eine Wirbeltierklasse stehen. Benennt die zugehörigen Wirbeltierklassen. Beschriftet weitere Karten mit zusätzlichen Merkmalen dieser Klasse, die man am Schnabeltier prüfen müsste, um eine Zuordnung vorzunehmen.

Vogel: Eier, Schnabel, Brutverhalten, Lungen
Säugetier: Fell, Milchdrüsen, Lungen
Beispiel für weitere Merkmale:
Vogel: Federn, Kloake
Säugetier: Gebiss mit Zähnen

d) Recherchiert, welcher Wirbeltierklasse das Schnabeltier tatsächlich zugeordnet wurde.

Das Schnabeltier wird zu den Säugetieren gezählt, da die wichtigsten Säugetiermerkmale wie das Fell und die Milchdrüsen deutlich ausgebildet sind.

[Erwachsene Schnabeltiere haben keine Zähne, sondern nur Hornplatten am Ober- und Unterkiefer, außerdem die drei für Säugetiere typischen Gehörknöchelchen. Das Schnabeltier stellt dennoch keine Übergangsform zwischen Vögeln und Säugetieren dar. Die Kloakentiere, zu denen das Schnabeltier gehört, bilden einen frühen Seitenzweig der Säugetiere.]

A5 Gemeinsame Merkmale

a) Benenne die mit 1 bis 6 gekennzeichneten Wirbeltierklassen und notiere je fünf Vertreter.

1 Fische: Karpfen, Barsch, Hecht, Zander, Hering
2 Amphibien: Wasserfrosch, Teichmolch, Feuersalamander, Erdkröte, Rotbauchunke
3 Kriechtiere: Zauneidechse, Ringelnatter, Kreuzotter, Alligator, Griechische Landschildkröte
4 Vögel: Mäusebussard, Rauchschwalbe, Haussperling, Uhu, Taube
5 und 6 Säugetiere: Wühlmaus, Schimpanse, Pferd, Rind, Eichhörnchen

b) Beschreibe charakteristische Merkmale, die man den Verzweigungspunkten A bis E zuordnen könnte.

Punkt A: Alle Tiere besitzen eine Wirbelsäule.
Punkt B: Lurche, Kriechtiere, Vögel und Säuger haben Lungen (Lurche erst als ausgewachsene Tiere) [Bis auf Ausnahmen wie zum Beispiel dem Axolotl.]
Punkt C: Die Befruchtung findet im Inneren der Weibchen statt.
Punkt D: Vögel und Säugetiere halten ihre Körpertemperatur konstant, sie sind gleichwarme Tiere.
Punkt E: Säugetiere haben ein Fell und säugen ihre Jungen.

Fortpflanzung und Entwicklung des Menschen

Aufklärung ist schwierig
Für manche Menschen ist es nicht einfach, sich unbefangen mit dem Thema Sexualität zu beschäftigen.

Taxifahrer als Geburtshelfer
Die Zeitungsnotiz ist frei erfunden. Es haben jedoch schon öfters Geburten unter vergleichbar widrigen Umständen stattgefunden. Zweifellos ist eine Geburt unter der Kontrolle eines Arztes oder einer Hebamme wünschenswert. Dies gilt vor allem dann, wenn die Geburt einen kritischen Verlauf nehmen sollte, der ärztliche Hilfe erfordert.
Mögliche weiterführende Fragen.
- Was ist ein Kaiserschnitt?
- Bereitet das Abbinden der Nabelschnur dem Kind Schmerzen?
- Worin besteht die Tätigkeit einer Hebamme?
- Wie kann der Arzt bei einer Steißlage des Kindes helfen?

[Bezug auf Lehrbuch Seite 166]

Krabbelphase
[Bezug auf Lehrbuchseite 166]

Nur ein Platz war noch frei
Individuelle Lösung

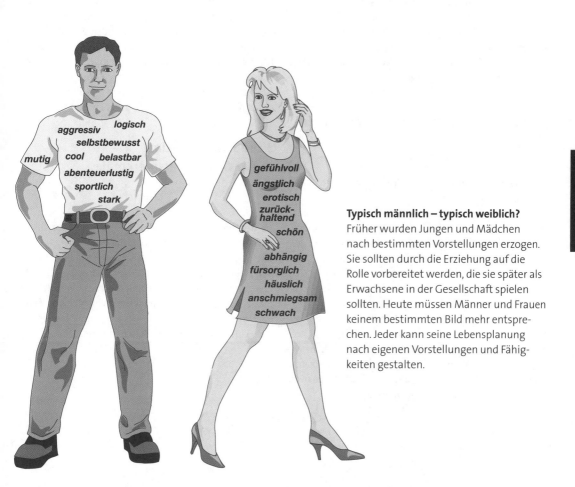

Typisch männlich – typisch weiblich?
Früher wurden Jungen und Mädchen nach bestimmten Vorstellungen erzogen. Sie sollten durch die Erziehung auf die Rolle vorbereitet werden, die sie später als Erwachsene in der Gesellschaft spielen sollten. Heute müssen Männer und Frauen keinem bestimmten Bild mehr entsprechen. Jeder kann seine Lebensplanung nach eigenen Vorstellungen und Fähigkeiten gestalten.

1 Der Mensch – ein Säugetier?

Seite 153

1 Suche die inneren Organe am Rumpfmodell der Schulsammlung und zeige ihre Lage an deinem eigenen Körper.

[Es handelt sich um eine praktische Aufgabe, die auch als Gruppenarbeit mit wechselseitiger Kontrolle geeignet ist. Sollte kein Rumpfmodell zur Verfügung stehen, kann auch eine entsprechende Wandkarte genutzt werden.
Die Aufgabe kann erweitert werden, wenn die Schülerinnen und Schüler einzelne im Rumpfmodell präsentierte Organe oder Organsysteme mit farbigen Stiften in eine Umrissdarstellung des Menschen eintragen und beschriften.]

2 Stelle den Zusammenhang zwischen folgenden Begriffen her: Zelle, Gewebe, Organ, Organsystem und Organismus.

Zellen mit gleichem Bau und gleicher Funktion bilden Gewebe. Am Aufbau von Organen sind verschiedene Gewebe beteiligt. Jedes Gewebe erfüllt eine bestimmte Funktion innerhalb des Organs. Mehrere Organe bilden ein Organsystem. Der Organismus besteht aus der Gesamtheit aller Organsysteme. Ihr Zusammenwirken sichert den reibungslosen Ablauf aller Lebensvorgänge.

2 Auf dem Weg zum Erwachsenwerden

Seite 155

1 Bewerte das Verhalten der drei Jugendlichen in Abbildung 4.

Es handelt sich um die typische Situation einer Mutprobe. Der Junge mit den Rollerskates ist gerade dabei, eine Halfpipe hinabzufahren und versucht damit bei seinen beiden Kumpeln Eindruck zu schinden. Diese schauen ihm vielleicht halb bewundernd (weil er sich das traut) und halb neidisch (weil sie sich das nicht trauen) zu.
In solchen Situationen geht es darum, die eigene Position in der sozialen Rangordnung einer Gruppe zu verbessern. Dabei ist es sehr wichtig, dass man sich wegen des starken Wunsches, von der Gruppe anerkannt zu werden, nicht zu Dingen hinreißen lässt, die man in einem besonnenen Moment nicht wagen würde.

2 Diskutiert in Gruppen, was den Jugendlichen in Abbildung 5 wohl durch den Kopf gehen könnte. Notiert mögliche Ängste und Hoffnungen.

[Zu dieser offenen Aufgabenstellung kann es keine vollständige Musterantwort geben, die Überlegungen der Schülerinnen und Schüler sind in hohem Maße von eigenen Erfahrungen abhängig. Es kann sinnvoll sein, die Aufgabe arbeitsteilig zu gestalten, sodass sich die Jungen der Arbeitsgruppe Gedanken zu den abgebildeten Mädchen machen sollen und umgekehrt.]
Ängste können sein, dass die Mädchen vom Jungen angesprochen werden und nicht wissen, wie sie sich verhalten sollen. Genauso können die Mädchen es sich wünschen, angesprochen zu werden, weil sie den Jungen nett finden; dann könnten sie befürchten, vom Jungen nicht angesprochen zu werden. Der Junge seinerseits könnte befürchten, dass er von den Mädchen abgewiesen wird, wenn er sie anspricht…

3 Überlege, wie man für sich selbst mehr Verantwortung übernehmen kann.

Dies gelingt im Alltag, indem man mehr für sich selbst sorgt, sich zum Beispiel morgens selbst mit einem Wecker weckt, die Butterbrote für den Schultag selber schmiert und die Tasche selbst für den nächsten Schultag vorbereitet. Auch das selbstständige Anfertigen von Hausaufgaben oder die rechtzeitige Vorbereitung auf Klassenarbeiten kann zeigen, dass man bereit ist, für sich selbst mehr Verantwortung zu übernehmen.

3 Bau und Funktion der Geschlechtsmerkmale

Seite 157

1 Beschreibe den Weg, den Spermien von der Entstehung bis zur Ejakulation durchlaufen.

Die Spermien werden in den Hoden gebildet und in den Nebenhoden gespeichert. Bei einer entsprechenden Erregung gelangen die Spermien zusammen mit etwas Flüssigkeit über die beiden Spermienleiter zur Harn-Spermien-Röhre. Diese Flüssigkeit stammt aus der Vorsteher- [Prostata] und der Bläschendrüse.

Seite 159

1 **Finde Beispiele dafür, dass die Umwelt für Männer und Frauen unterschiedliche Körperideale vorgibt.**

In der Werbung für die unterschiedlichsten Produkte werden selbst in Alltagssituationen vorzugsweise sehr schlanke und junge Frauen abgebildet, während Männer durchaus auch mit Durchschnittsfiguren zum Einsatz kommen.

Die Kosmetikindustrie bietet eine Vielzahl von Präparaten für Frauen an, die Alterungsprozesse der Haut aufhalten oder sogar rückgängig machen sollen. Die Anzahl der Präparate für Männer ist verschwindend gering. Offensichtlich wird Hautalterung bei Männern durchaus toleriert, während sie bei Frauen nicht wünschenswert scheint.

Ähnlich verhält es sich mit Haartönungen und Haarfärbemitteln. Männer werden durch graue Haare »interessant«, während Frauen »alt« ausschauen und entsprechend etwas gegen graue Haare unternehmen sollen.

Auch die Mode geht in den letzten Jahren besonders bei den Jugendlichen in unterschiedliche Richtungen: Während für Mädchen besonders eng geschnitttene, figurbetonte Kleidung »in« ist, gibt es für Jungen weit geschnittene »Skater«-Kleidung, die die Figur nur erahnen lässt.

2 **Diskutiert in der Gruppe, ob man auf eine Gewichtszunahme während der Pubertät mit einer Diät reagieren sollte.**

Eine Gewichtszunahme während der Pubertät ist in der Regel durch die Einwirkung von körpereigenen Hormonen bedingt und nicht durch zu umfangreiche Nahrungsaufnahme. Die Gewichtszunahme steht [in der Regel] im Zusammenhang mit körperlichen Veränderungen, die später im Leben eine erfolgreiche Schwangerschaft ermöglichen. Deshalb ist es nicht sinnvoll, eine Diät zu beginnen.

Sollte man mit seinem körperlichen Aussehen nicht zufrieden sein, wäre sportliche Betätigung eine sinnvolle Alternative zu einer Diät. Sport kann auch dazu führen, »überflüssige Pfunde« zu verlieren und das Wohlbefinden zu stärken. Außerdem fördert sportliche Betätigung das Herz-Kreislauf-System und trägt so zur Gesunderhaltung bei.

Seite 161

1 **Berechne die mittlere Zykluslänge anhand der Kalendereintragungen in Abbildung 3.**

Der weibliche Zyklus beginnt jeweils mit dem ersten Tag der Monatsblutung und dauert bis zum Beginn der nächsten Monatsblutung.

Monat	Zykluslänge
Januar	31 Tage
Februar	30 Tage
März	31 Tage
April	29 Tage
Mai	32 Tage
Durchschnittswert	30,6 Tage

2 **Überlege, wann bei dem vorgestellten Zyklus wahrscheinlich jeweils der Eisprung stattgefunden hat.**

Der Eisprung findet etwa zwei Wochen nach der ersten Monatsblutung in der Zyklusmitte statt. Im vorliegenden Beispiel also etwa um den 15. bis 16. Tag nach dem jeweils ersten Tag der Monatsblutung: 27./28. Januar, 27./28. Februar, 29./30. März, 29./30. April, 28./29. Mai und 29./30. Juni.

4 Ein Kind entsteht

Seite 164

1 **Stelle Vermutungen auf, welche Vorteile es hat, dass der Embryo sich – von Fruchtwasser umgeben – in der Fruchtblase entwickelt.**

Ein großer Vorteil ist, dass der Embryo sich im Körper der Mutter geschützt von äußeren Einflüssen entwickeln kann. Außerdem wird durch den Körper der Mutter die ausreichende Versorgung mit Nährstoffen über die Nabelschnur sicher gestellt.

2 **Erkläre, warum der Embryo in der Gebärmutter nicht erstickt, obwohl er vollständig von Fruchtwasser umgeben ist.**

Während der Entwicklung in der Gebärmutter erfolgt der Gasaustausch des Embryos nicht über seine Lungen. Stattdessen wird das Blut des Embryos in der Plazenta aus dem mütterlichen Blut mit Sauerstoff angereichert und in der Plazenta wird auch das Kohlenstoffdioxid an das mütterliche Blut abgegeben. Der Gasaustausch des Embryos wird also vollständig über die Mutter abgewickelt.

Seite 165

1 Diskutiert in der Gruppe, worin der Vorteil liegt, dass das Baby mit dem Kopf zuerst in den Geburtskanal eintritt.

Der Kopf des Babys ist der Körperteil mit dem größten Durchmesser. Ist der Kopf aus dem Geburtskanal ausgetreten, folgt der Rest des Babys meist schnell nach.
So lange das Kind mit dem Kopf im Geburtskanal steckt, wird es über seine Nabelschnur noch mit Sauerstoff versorgt [es sei denn, die Nabelschnur ist um den Hals gewickelt und wird eingequetscht].
Kommt das Baby mit dem Po voran [Steißlage] auf die Welt, kann die Nabelschnur im Geburtskanal eingequetscht werden und das Baby wird nicht mehr ausreichend mit Sauerstoff versorgt.

2 Beschreibt die verschiedenen Phasen einer Geburt beginnend mit der Eröffnungsphase.

Eröffnungsphase: Die Muskulatur der Gebärmutter zieht sich zusammen: Die Wehen setzen ein. Die Fruchtblase platzt und das Fruchtwasser fließt durch die Scheide ab.
Austreibungsphase: Durch Presswehen wird das Kind durch den Geburtskanal geschoben. Die Scheide wird dabei stark gedehnt.
Nachgeburtsphase: Abschließend werden die Fruchtblase und die Plazenta aus der Gebärmutter durch Wehen herausgepresst.

5 Die Entwicklung des Kindes

Seite 166

1 Erläutere, welche Bedeutung die angeborenen Fähigkeiten für das Baby haben.

Säuglinge können von Geburt an saugen und schlucken. Diese beiden Fähigkeiten sind die Voraussetzung für ihre Ernährung. Außerdem hält sich ein Neugeborenes an allem fest, was seine Finger zu fassen bekommen. So unterstützt das Baby die Mutter beim Tragen und verhindert mit, dass es zu Boden fällt.

6 Familienplanung und Empfängnisverhütung

Seite 167

1 Begründe, weshalb die Kalendermethode meist gerade für junge Frauen sehr unzuverlässig ist.

Die Dauer eines Zyklus kann sich zum Beispiel durch Krankheiten oder Stress verschieben. Gerade bei jungen Frauen kommt es gehäuft zu Unregelmäßigkeiten im Monatszyklus, da sich der Hormonhaushalt noch nicht sicher eingestellt hat, wodurch die fruchtbaren Tage falsch vorhergesagt werden könnten.

7 Sexueller Missbrauch – mein Körper gehört mir

Seite 139

1 Stellt Vermutungen auf, warum der Gesetzgeber die genannten Altersvorgaben gemacht hat.

Unter 14 Jahren gelten Kinder als besonders schutzwürdig, weil man davon ausgeht, dass sie den Versprechungen und Verlockungen eines älteren Menschen nicht gewachsen sind und auch die Konsequenzen ihrer Handlungen noch nicht vollständig überschauen können.

2 Diskutiert in der Gruppe, warum manche der möglichen Täter-Opfer-Beziehungen besonders kritisch zu bewerten sind.

Besonders kritisch sind die Täter-Opfer-Beziehungen, bei denen ein besonderes Vertrauensverhältnis vorliegt, wie beispielsweise innerhalb einer Familie: Denn welchen Erwachsenen soll man noch vertrauen, wenn nicht denen aus der eigenen Familie. Außerdem sind noch die Beziehungen besonders kritisch zu sehen, bei denen sich das Opfer in einem Abhängigkeitsverhältnis zum Täter befindet. Dies kann zum Beispiel ein Ausbildungsverhältnis sein, bei dem der Erwachsene über die Leistung des Opfers urteilt und das Opfer damit vielleicht erpresst.

3 Überlegt gemeinsam, wie ihr euch gegen Übergriffe von Personen wehren könnt.

Vor allen Dingen ist es wichtig, mögliche Täter nicht noch zu ermutigen, weil man sich nicht traut, deutlich »nein« zu sagen. Sollte ein Erwachsener immer wieder körperlichen Kontakt suchen, obwohl man ihm deutlich gesagt hat, dass man das nicht will, sollte man andere Erwachsene um Rat zu fragen. Wichtig ist, mögliches Fehlverhalten nicht zu vertuschen, sondern mit anderen Menschen darüber zu reden.

Wissen vernetzt – Fortpflanzung und Entwicklung des Menschen

Seite 171

A1 Dauer von Trächtigkeit und Schwangerschaft.
a) Ermittle die Länge der Trächtigkeit beziehungsweise die der Schwangerschaft der in der obigen Grafik genannten Lebewesen.
Biber: etwa 180 Tage
Blauwal: etwa 340 Tage
Eichhörnchen: 35 Tage
Elefant: 640 Tage
Maus: 20 Tage
Fledermaus: 50 Tage
Hund: 60 Tage
Mensch: 275 Tage
Pferd: 350 Tage
Rind: 280 Tage
Schimpanse: 240 Tage

b) Stelle eine begründete Vermutung auf, wodurch die Dauer der Trächtigkeit beziehungsweise Schwangerschaft beeinflusst wird.
Einerseits ist entscheidend, wie groß die ausgewachsenen Tiere sind. Große Tiere haben in der Regel große Neugeborene und kleinere Tiere entsprechend kleinere Neugeborene. Deshalb ist es logisch, dass die Trächtigkeit einer Elefantenkuh länger dauern muss als die einer Maus.
Andererseits ist aber auch noch wichtig, in welchem Entwicklungszustand die Neugeborenen auf die Welt kommen. Handelt es sich um Nestflüchter, so sind diese schon relativ weit entwickelt und die Trächtigkeit dauert entsprechend länger. Nesthocker hingegen werden relativ hilflos und »unfertig« geboren, entsprechend kurz kann die Trächtigkeit sein. Ein Beispiel hierfür sind Hund und Biber, die etwa gleich groß sind. Biberjungen sind Nestflüchter und sind bei der Geburt schon relativ selbstständig, während Hundewelpen als Nesthocker völlig hilflos auf die Welt kommen. Entsprechend dauert die Trächtigkeit der Biber etwa dreimal länger als die von Hunden.
Schließlich können auch jahreszeitliche Aspekte eine Rolle spielen. Bei einigen Tierarten wie zum Beispiel Rehen oder Hirschen kommt es während der Entwicklung zu Ruhephasen, in denen die Embryonen nicht weiter wachsen. So wird die Trächtigkeit künstlich verlängert und es ist sicher gestellt, dass die Jungtiere nicht mitten im Winter unter ungünstigen Bedingungen geboren werden, sondern erst im nächsten Frühjahr, wenn sich die Aufzuchtverhältnisse deutlich verbessert haben.

A2 Selbstständigkeit von Nachkommen
a) Leite aus dem Aussehen der Neugeborenen ab, ob es sich um Nesthocker oder Nestflüchter handelt.
A (Koala): Nesthocker
B (Reh): Nestflüchter
C (Riesenkänguruh): Nesthocker
D (Kaninchen): Nesthocker
E (Mensch): Nesthocker
Nesthocker sehen allgemein noch sehr »unfertig« aus, die Augen sind oft geschlossen, die Haut ist noch nicht behaart und die Extremitäten sind im Verhältnis zum Körper oft relativ kurz.

b) Beurteile, ob es sich beim Menschen um einen Nesthocker oder einen Nestflüchter handelt.
Ein Baby ist ein Nesthocker. Auch wenn seine Augen geöffnet sind, ist es ansonsten völlig hilflos: Es kann sich nicht selbstständig bewegen und sich auch nicht selbstständig ernähren.

A3 Modell zur Fruchtblase
a) Erkläre das oben beschriebene Phänomen.
Dieses Phänomen ist aus der Physik als »Trägheit der Masse« bekannt. Weil die Wasserteilchen sich gegeneinander verschieben können, wird die Bewegung[senergie] vom Becherglas nicht auf das Ei übertragen, es bleibt auf der Stelle liegen.

b) Erläutere, wieso ein Hühnerei im Becherglas als Modell für einen Embryo in der Fruchtblase gelten kann.
Das Hühnerei ist genauso zerbrechlich wie ein sich entwickelnder Embryo. Durch die umgebende Flüssigkeit werden Embryo und Ei vor Erschütterungen geschützt. Schnelle Bewegungen übertragen sich wegen der Massenträgheit nicht auf Ei und Embryo. Die Flüssigkeit wirkt wie eine Art Federung.

c) Vergleiche die Bestandteile des Modells mit der Wirklichkeit.

Modell	Wirklichkeit
Becherglas	Fruchtblase
Wasser	Fruchtwasser
Ei	Embryo

Wirbellose Tiere in ihren Lebensräumen

Unterschiedliche Tiere mit ähnlicher Lebensweise
Kolibri und Taubenschwänzchen ernähren sich beide von Blütennektar. Für die Nahrungsaufname besitzt der Kolibri einen langen zarten Schnabel, das Taubenschwänzchen einen langen Rüssel. Die Tiere "stehen" im Schwirrflug vor der Blüte. Dabei werden die Flügel in einer schnellen charakteristischen Bewegung geschlagen.

Vogel	Schmetterling
Innenskelett	Außenskelett
Muskelansatz außen am Knochen	Muskelansatz innen am Panzer
Atmung mit Lungen	Atmung über Tracheen
geschlossenes Blutkreislaufsystem	offenes Blutkreislaufsystem

Ist der Tintenfisch ein Fisch?
Fische lassen sich meist am vorhandensein von paarig angelegten Flossen erkennen. Ihre Körperoberfläche ist meist von Schuppen bedeckt. Die meisten Fische zeigen bewegliche Kiemendeckel hinter denen die Kiemen liegen.
Der abgebildete Krake hat vier Armpaare, die wenig an Flossen erinnern. Die Arme sind mit Saugnäpfen ausgestattet. Die im Körper liegenden Kiemen werden über einen Trichter mit frischem Wasser versorgt. Die Unterschiede zeigen eindeutig, dass es sich beim Tintenfisch nicht wirklich um einen Fisch handelt.
Tintenfische können bei Gefahr ein feinkörniges Pigmentgemisch ins Wasser abgeben. Dieses ist tiefblau bis schwarz und ähnelt Tinte, woher die Tiere ihren Namen erhalten haben. Die Substanz soll den möglichen Angreifer ablenken und verwirren.

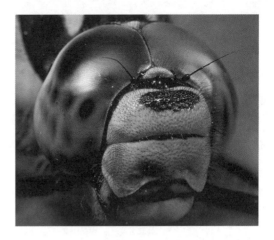

Geben die Punkte das Alter von Marienkäfern an?
Marienkäfer bilden die Familie der Coccinellidae. Zu dieser Familie gehören viele verschiedene Marienkäferarten, die sich unter anderem auch in der Anzahl der Punkte auf ihren Deckflügeln unterscheiden. Hat ein Marienkäfer zwei der charakteristischen Flecken ist er nicht zwei Jahre alt, sondern gehört wahrscheinlich zur Art Zweipunkt-Marienkäfer, genauso verhält es sich mit dem Siebenpunkt-Marienkäfer. Die Anzahl der Punkte bleibt adulten Tier gleich. Marienkäfer können, die Larvenzeit eingerechnet, etwa ein Jahr alt werden.

Wie von einem anderen Stern
Die Schülerinnen und Schüler erkennen den grundlegend unterschiedlichen Aufbau zwischen Insekten als einen Vertreter von wirbellosen Tieren und Säugetieren.

Die Augen des Taumelkäfers
Der obere Teil der Augen ragt über die Wasseroberfläche, der untere Teil dagegen liegt unter der Wasseroberfläche. Die Trennung der Augen in einen oberen und unteren Teil ist eine Angepasstheit an die unterschiedlichen Sichtverhältnisse in Luft und Wasser.

Wer kennt die Grüne Stinkwanze?
»Grün«: Es handelt sich um eine Tarnfärbung, da die Wanze auf Pflanzen lebt.
»Stink«: Die Wanze erzeugt einen unangenehm riechenden Duftstoff, vermutlich zur Abwehr von Feinden.
»Wanze«: Die auf Pflanzen lebenden Wanzen stechen mit ihrem Saugrüssel ihren Wirt an und saugen den nährstoffreichen Siebröhrensaft.
[In Deutschland kommen über 800 verschiedene Wanzenarten vor, weltweit sind es etwa 40 000. In ihrer Lebensweise sind Wanzen sehr vielseitig. Es gibt räuberische, parasitische und pflanzensaftsaugende Arten. Sie kommen in verschiedensten Biotopen vor. Einige Arten leben in Häusern, wie zum Beispiel die Bettwanze. Viele Arten leben auf Wiesen, in Gebüschen und Wäldern. Einige haben sich sogar an das Wasserleben angepasst.
Die Grüne Stinkwanze *(Palomena prasina L)*. gehört zur Familie der Pentatomidae (Baumwanzen)].

1 Wirbellose Tiere kommen in einer großen Vielfalt vor

Seite 175

1 Suche verschiedene Lebensräume auf, zum Beispiel eine Wiese, einen Wald, einen Teich, einen Garten und notiere, welche wirbellosen Tiere du dort antriffst.
Erstelle zu einigen von ihnen, die dir besonders interessant erscheinen, Steckbriefe.

Zum Beispiel:
Name: **Marienkäfer**
Größe: 5 bis 8 mm
Lebensweise: Käfer und Larven vertilgen Blattläuse
Besonderheit: wird für biologische Schädlingsbekämpfung genutzt

Name: **Goldlaufkäfer**
Größe: 20 bis 27 mm
Lebensweise: frisst auf Feldern und in Gärten Schnecken und Käferlarven
Besonderheit: sehr nützlich

Name: **Schnellkäfer**
Größe: bis 12 mm
Lebensweise: im Herbst oft auf Doldenblütlern
Besonderheit: Larven (Drahtwürmer) fressen Wurzeln von Kultupflanzen

Name: **Gemeiner Ohrwurm**
Größe: 14 bis 23 mm
Lebensweise: Nachttier; unter Steinen und Holzstücken; tierische und pflanzliche Nahrung
Besonderheit: nützlich, frisst Blattläuse

2 Insekten bilden die artenreichste Tiergruppe

Seite 178

1 Nenne Merkmale an denen man Insekten erkennen kann.
- Chitinpanzer
- Körper in 3 Abschnitte gegliedert (Kopf, Brust, Hinterleib)
- sechs gegliederte Beine (Hüfte, Schenkelring, Schenkel, Schiene, Fuß)
- Tracheensystem
- an der Rückenseite gelegenes Herz
- offenes Blutkreislaufsystem
- Strickleiternervensystem
- Komplexaugen
- Mundwerkzeuge (beim Maikäfer beißend- kauend)
- Fühlerpaar
- viele Insekten haben 2 Flügelpaare

2 Vergleiche in einer Tabelle den Bau von Maus und Maikäfer. Ziehe Schlussfolgerungen.

	Maikäfer	Maus
Skelett	Außenskelett	Innenskelett
Atmung	Atmung über Tracheen	Lungenatmung
Blutkreislauf	offenes Blutkreislaufsystem	geschlossenes Blutkreislaufsystem
Nervensystem	Strickleiternervensystem	zentrales Nervensystem

Der Aufbau von Maikäfer und Maus ist grundlegend verschieden. Es besteht keinerlei Verwandschaft.

3 Erläutere den Zusammenhang zwischen Bau und Funktion am Beispiel der Mundwerkzeuge des Maikäfers.
Die beißend-kauenden Mundwerkzeuge eines Maikäfers bestehen aus: Oberlippe, Oberkiefer (paarig), Unterkiefer mit Kiefertaster (paarig) und Unterlippe mit paarigen Lippentastern. Die Oberkiefer besitzen eine breite Schneide und dahinter eine gerieft Reibplatte. Durch den harten Baustoff Chitin eignen sich diese Teile der Mundwerkzeuge zum Schneiden und anschließenden Zerreiben der Blätternahrung.

Seite 179

1 Beschreibe, in welcher Form die hier dargestellten Käferarten für ihre Nachkommen sorgen. Erläutere, auf welche Weise der Fortpflanzungserfolg jeweils gesichert wird.
Der Gemeine Mistkäfer gräbt für jedes Ei einen gesonderten Gang, den er mit Nahrung für die Larven anfüllt. Dies stellt eine Form der Brutfürsorge dar.
Der Goldlaufkäfer legt seine Eier in kleine Erdhöhlen, überlässt die Larven aber in ihrer Ernährung sich selbst.
Der Marienkäfer legt die Eier in der Nähe von Blattlauskolonien ab, sodass die Larven zumindest relativ schnell an Nahrung kommen.
Der Hirschkäfer legt die Eier in alte Eichenstümpfe, von denen sich die Larven ernähren.
Die intensivste Betreuung der Larven liegt beim Mistkäfer vor. Je intensiver sich die Eltern um den Nachwuchs kümmern, desto größer ist der Fortpflanzungserfolg, da hierdurch die Wahrscheinlichkeit für das Überleben der Larven steigt.

2 Der Hirschkäfer ist eine vom Aussterben bedrohte Art. Informiere dich über mögliche Ursachen seiner Gefährdung und berichte.

Die Hirschkäferlarven benötigen zu ihrer Entwicklung Baumstümpfe oder Totholz, besonders Eichen. Da in unseren Wäldern der Anteil an Totholz gering ist und Eichenwälder insgesamt abgenommen haben, fehlt der Art die Grundlage zur Ernährung der Larven. Eine geringere Menge aufwachsender Imagines bedeutet aber auch eine geringere Zahl an Jungkäfern, die sich vermehren können. Diese Abhängigkeit führt zu einem drastischen Rückgang der betroffenen Tierart und kann letztlich darin enden, dass die Art hier ausstirbt.

Seite 181

1 Vergleiche tabellarisch Tag- und Nachtfalter miteinander.

Vergleichspunkte	Tagfalter	Nachtfalter
Aktivität	ausschließlich tagsüber	in der Dämmerung und nachts
Farbgebung	meist bunt mit Mustern	meist gedeckte Farben
Fühler	lang und schmal, am Ende keulenförmig verdickt	groß, kammartig verbreitert
Finden der Geschlechtspartner	über optische Wahrnehmung	über Geruchswahrnehmung (Sexuallockstoffe)
Entwicklung	vollkommene Metamorphose	vollkommene Metamorphose

2 Jedes Entwicklungsstadium eines Schmetterlings ist durch bestimmte Aktivitäten des Tieres gekennzeichnet. Dazu gehören Nahrungsaufnahme, Bewegung, Verwandlung, Häutung, Fortpflanzung und Wachstum. Ordne jedem Stadium die passenden Aktivitäten zu. Begründe deine Zuordnung.

Entwicklungsstadium	kennzeichnende Aktivität
Larve = Raupe	Nahrungsaufnahme, Wachstum, Häutung, Bewegung
Puppe	Verwandlung
Imago	Nahrungsaufnahme, Fortpflanzung, Bewegung

Die Larvenzeit dient ausschließlich dem Wachstum. Dazu müssen die Larven viel Nahrung aufnehmen und sich immer wieder häuten, da der Chitinpanzer das Wachstum nicht mitmachen kann. Um neue Nahrungsplätze zu finden, können sich die Raupen aktiv bewegen.
Das Puppenstadium dient der Verwandlung der Larve zum erwachsenen Tier. Hier wird keine Nahrung mehr aufgenommen. Häutungen finden nicht mehr statt, die Verwandlung vollzieht sich in der Puppenhülle. Beweglichkeit ist hier ausgeschlossen.
Die Zeit als erwachsenes Tier dient ausschließlich der Fortpflanzung. Ob die Imago Nahrung zu sich nimmt, hängt von der Schmetterlingsart ab.

Seite 183

1 Erläutere den Ablauf von vollkommener und unvollkommener Metamorphose bei Insekten. Stelle die Unterschiede heraus.

Vollkommene Metamorphose: Ei – Larve – Puppe – Imago;
Unvollkommene Metamorphose: Ei – Larve – Imago
Ein Unterschied liegt im eingeschobenen Puppenstadium bei der vollkommenen Metamorphose. Die Larven haben ein anderes Aussehen als die Imagines und häufig eine andere Ernährung sowie andere Mundwerkzeuge.
Bei der unvollkommenen Metamorphose sehen die Larven den Imagines bereits nach dem Schlüpfen ähnlich. Sie entwickeln sich kontinuierlich über mehrere Häutungen.

2 Feldheuschrecken sind eine weitere einheimische Heuschreckenfamilie. Informiere dich mit Hilfe geeigneter Literatur über ihr Aussehen und ihre Lebensweise. Stelle in einer Tabelle Merkmale der Feldheuschrecke und der Grünen Laubheuschrecke gegenüber

Merkmale	Feldheuschrecke	Grüne Laubheuschrecke
Fühlerlänge	kurz	fast körperlang
Färbung	braun grün	leuchtend grün
Legeröhre bei Weibchen	nicht vorhanden	vorhanden, fast körperlang
Körperlänge	13–22 mm	28–42 mm

3 Recherchiere, welche Insektenordnungen ebenfalls eine unvollkommene Metamorphose durchlaufen.

Insekten mit unvollkommener Metamorphose: Heuschrecken, Libellen, Wanzen, Eintagsfliegen, Termiten und Läuse
Bei Heuschrecken, Wanzen, Eintagsfliegen, Termiten und Läusen sehen die Larven den Imagines schon weitgehend ähnlich. Die Larven der Libellen haben dagegen ein völlig anderes Aussehen als die erwachsenen Tiere.

Seite 184

V1 Zucht von Mehlkäfern
a) Kontrolliere die Mehlkäfer einmal pro Woche. Identifiziere die verschiedenen Entwicklungsstadien.
b) Erstelle eine Tabelle mit den Daten und den Zahlen der jeweils gefundenen Entwicklungsstadien.
c) Setze nach jeder Kontrolle die lebenden Käfer, Mehlwürmer und Puppen wieder in das gesäuberte und mit Futter gefüllte Glas.

Der Mehlkäfer entwickelt sich über eine vollkommene Metamorphose. Dabei kann die Entwicklung von der Larve bis zur Imago in Abhängigkeit von der Temperatur bis zu 20 Monaten betragen. Die Lebensdauer des Käfers beläuft sich auf maximal 4 Monate.

d) Fertige mit Hilfe einer Lupe Zeichnungen an.
Der Mehlwurm besitzt einen Kopf mit Fühlern, Augen und Mundwerkzeugen, einen Brustabschnitt mit drei Paar gegliederten Beinen und einen segmentierten Hinterleib.
Die Puppe lässt diese Dreiteilung bereits deutlicher erkennen.
Die Imago weist alle Kennzeichen der Insekten auf.

A2 Schmetterlinge und ihre Raupen
a) Ordne die abgebildeten Raupen mit Hilfe geeigneter Bestimmungsliteratur dem entsprechenden Schmetterling zu.
A: Admiral → Raupe 4
B: Schwalbenschwanz → Raupe 1
C: Trauermantel → Raupe 2
D: Ligusterschwärmer → 3
E: Totenkopfschwärmer → Raupe 5
b) Stelle eine Tabelle zusammen, die die Größe der erwachsenen Tiere, ihren Lebensraum und die Nahrung von Raupen und Imagines enthält.

	Größe	Nahrung Raupe	Nahrung Imago
Admiral	27–30 mm	Brennnessel	Baumsäfte, überreifes Obst
Schwalbenschwanz	34–45 mm	Möhre, Dill, Fenchel	Doldenblüter
Trauermantel	35–45 mm	Birken, Weiden, Pappeln	Holzsäfte von verletzten Bäumen, überreifes Obst
Ligusterschwärmer	44–50 mm	Liguster, Flieder, Holunder	Nektar
Totenkopfschwärmer	45–60 mm	Kartoffelkraut, Nachtschattengewächse	Nektar, gelegentlich auch Honig von Bienen

Seite 185

V3 Zucht von Stabheuschrecken
a) Beobachte die Stabheuschrecken und beschreibe ihr Verhalten.
Die Stabheuschrecken sitzen lange Zeit regungslos an ihrer Futterpflanze. (Durch ihren Körperbau ähneln sie dünnen Ästen und fallen daher bei Bewegungslosigkeit nicht auf.)
b) Nimm ein erwachsenes Tier aus dem Terrarium und achte darauf, welche Reaktion es dabei zeigt. Begründe dieses Verhalten.
Nimmt man eine Stabheuschrecke in die Hand, so erstarrt sie – sie stellt sich tot.
c) Protokolliere die Entwicklung der Stabheuschrecken. Fotografiere oder zeichne jedes Entwicklungsstadium.
d) Vergleiche die Entwicklung der Mehlkäfer mit der der Stabheuschrecke.
Stabheuschrecken durchlaufen eine unvollkommene Metamorphose. Die geschlüpften Larven ähneln bereits den erwachsenen Tieren und werden nach mehreren Häutungen zur Imago.
Mehlkäfer durchlaufen eine vollkommene Metamorphose. Aus den Eiern schlüpfen Larven, die den Imagines nicht ähneln. Am Ende der Larvenzeit verpuppen sie sich und es schlüpft die geschlechtsreife Imago.

A4 Organentwicklung eines Schmetterlings
a) Benenne die drei Entwicklungsstadien (A, B, C) und die inneren Organe a und c.
(A) Larve, (B) Puppe, (C) Imago;
(a) Blutgefäßsystem, (c) Nervensystem,
b) Das mit b bezeichnete Organ ist der Darm des Tieres. Begründe, warum er im zweiten Entwicklungsstadium keine Verbindung zur Außenwelt hat.
Die Puppe stellt ein Ruhestadium dar, der Darm hat sich verkleinert und endet blind. Es finden weder Ernährung noch Ausscheidung statt, sondern die inneren Organe werden umgebaut.

Seite 187

1 Beschreibe die verschiedenen Atemtechniken bei Wasserinsekten. Nutze Abbildung 2.
Kleine Wasserinsekten wie die Büschelmückenlarven nehmen Sauerstoff über die gesamte Körperoberfläche auf und geben das Kohlenstoffdioxid auf diesem Wege wieder ab. Bei dieser Hautatmung reichen Diffusion und Osmose aus, um den Gasaustausch im gesamten Körper auch ohne zusätzliche Organe zu gewährleisten. Als primär an das Land angepasste Tiere atmen Insekten

mit Tracheen, chitinverkleideten Luftröhren, die den gesamten Körper durchziehen. Dieses System wurde beim Übergang zum Wasserleben beibehalten. Viele Tiere müssen an die Wasseroberfläche kommen, um Luft aufzunehmen. Die Stigmen wurden hierzu häufig an das Hinterende verlagert oder es ist ein Atemrohr wie beim Wasserskorpion oder der Schwebfliegenlarve vorhanden. Zusätzlich können manche Arten einen Luftvorrat mit ins Wasser nehmen. Beim Rückenschwimmer wird er an unbenetzbaren Haaren am Körper transportiert, beim Gelbrandkäfer unter den Flügeldecken. Andere Wasserinsekten nutzen das Wasser als Atemmedium, indem sie Tracheenkiemen ausgebildet haben. Diese mit Tracheen durchzogenen blatt- oder fadenförmigen Hautausstülpungen ermöglichen den direkten Gasaustausch mit dem Wasser. Sie kommen unter anderem bei Libellen-, Steinfliegen- und Eintagsfliegenlarven vor.

2 Libellenlarven, Steinfliegenlarven und Eintagsfliegenlarven sind sehr empfindlich gegen Sauerstoffarmut in ihren Wohngewässern. Wasserkäfer und Wasserwanzen leben hingegen auch in stärker verschmutzten, zeitweise sauerstoffarmen Gewässern. Begründe.

Libellen-, Steinfliegen- und Eintagsfliegenlarven nehmen den Sauerstoff über Tracheenkiemen direkt aus dem Wasser auf und sind daher auf ausreichend im Wasser gelösten Sauerstoff angewiesen. Wasserkäfer und Wasserwanzen nutzen dagegen den Luftsauerstoff, indem sie von Zeit zu Zeit an die Wasseroberfläche kommen. Sie können daher auch in Gewässern überleben, die kaum gelösten Sauerstoff im Wasser aufweisen.

Seite 189

1 Erläutere unter Anwendung des biologischen Prinzips Struktur und Funktion den Flug der Insekten. Unterscheide zwischen direkter und indirekter Flügelbewegung.

Die direkte Flügelbewegung kommt durch direkte Flugmuskeln zu Stande, die direkt an der Flügelbasis ansetzten (Struktur) und als Gegenspieler wirken (Funktion).

Die indirekte Flügelbewegung wird dagegen durch die indirekte Flugmuskulatur bewirkt. Hier setzten die Muskeln nicht direkt an den Flügeln an. Ein Paar kräftiger Quermuskeln verbindet die Rückenplatte mit der Bauchplatte des Chitinpanzers. Seitlich unter der Rückenplatte liegen die Flügelansäzte (Struktur). Die Anspannung der Quermuskeln führt zur Ablachung des Brustraums und damit zur Bewegung der Flügel nach oben. Die durch den Brustraum ziehenden Längsmuskeln sorgen bei ihrer Anspannung dafür, dass sich der Brustraum weitet und die Flügel nach unten schlagen (Funktion).

2 Informiere dich über die Angepasstheiten der Beine bei folgenden Insekten: Taumelkäfer, Mistkäfer, Goldlaufkäfer, Gottesanbeterin, Honigbiene, Menschenfloh, Kopflaus.
Präsentiere deine Ergebnisse in geeigneter Form in deiner Lerngruppe.

Taumelkäfer: hintere Beinpaare sind als Schwimmbeine angelegt, gelenkige Borsten unterstützen den Ruderschlag; **Mistkäfer:** Grabbeine; **Goldlaufkäfer:** Laufbeine; **Gottesanbeterin:** vordere Beine sind als Fangbeine, hintere Beine als Schreitbeine angelegt; **Honigbiene:** Sammelbeine; **Menschenfloh:** Sprungbeine; **Kopflaus:** Klauen an den Beinen ermöglichen das Festklammern im Haar

Seite 191

1 Vergleiche die in Abbildung 1 dargestellten Mundwerkzeuge in Bezug auf Struktur und Funktion sowie Angepasstheit miteinander.

Obwohl die Mundwerkzeuge sehr unterschiedlich ausgebildet sind, setzen sie sich doch aus den gleichen Grundelementen zusammen (Oberlippe, Oberkiefer, Unterkiefer, Unterlippe). Daher kann von einem einheitlichen Grundbauplan gesprochen werden.

beißend-kauendes Mundwerkzeug: die Oberlippe ist unpaarig; die Oberkiefer sind paarig als Zangen ausgebildet, mit denen Nahrung zerkleinert werden kann; die Unterkiefer sind als eine Art Zange zum Festhalten ausgebildet; die Unterlippe dient zur Aufnahme der Nahrung

beißend-leckend-saugendes Munderwerkzeug: die Oberlippe ist ungegliedert; die Oberkiefer sind als Beißzangen ausgebildet, mit denen zum Beispiel Wachs geformt werden kann; die Unterkiefer und Unterlippe sind lang gestreckt und zu einem Saugrohr zusammenlegbar mit der flüssige Nahrung aufgenommen werden kann; die Unterlippe endet in einer Art Zunge, dem Löffelchen, die zum Auflecken kleinerer Nahrungsreste dient

saugendes Mundwerkzeug: die Oberlippe ist klein und ungegliedert; die Oberkiefer sind zurückgebildet; die Unterkiefer bestehen aus zwei Halbröhren, die zu einem langen Saugrüssel zusammengelegt werden können; die Unterlippe ist als Lippentaster ausgebildet; dieses Mundwerkzeug dient vorwiegend zum Aufsaugen flüssiger Nahrung, durch die Länge des Saugrüssels können auch tief in Blüten verborgene Nektardrüsen erreicht werden

stechend-saugendes Mundwerkzeug: alle Teile der Mundwerkzeuge, einschließlich der Oberlippe, sind lang gestreckt und können zu einem kombinierten Stech und Saugrohr zusammengelegt werden; als zusätzliches Element kommt noch ein Fortsatz des Mundhöhlenbodens hinzu

2 **Informiere dich beim Gesundheitsamt oder im Internet über Maßnahmen zur Vermeidung von Kopflausbefall.**
Kopflausbefall kann nicht wirklich vorgebeugt werden. Ein Befall sollte sofort mit entsprechenden Medikamenten behandelt werden. In der Regel ist die betroffene Person schon am nächsten Tag keine Übertragungsquelle mehr.

Seite 192

1 **Erläutere den Aufbau und die Funktion der Mundwerkzeuge und der Gliedmaßen bei Stubenfliegen. Wende dazu das biologische Prinzip Struktur und Funktion an.**
Die Mundwerkzeuge sind so strukturiert, dass nur flüssige oder verflüssigte Nahrung aufgenommen werden kann. Dabei funktioniert das System wie ein Saugrohr. Feste, lösliche Nahrung muss zunächst verflüssigt werden. Dazu wird ein Sekret der Speicheldrüse abgegeben, das über die große Oberfläche der Rüsselscheibe auf der Nahrung verteilt wird und diese an der Oberfläche schnell löst. Diese Lösung kann dann aufgesaugt werden.
Die Feinstruktur der Extremitäten, die mit Krallen, Borsten und Haftballen ausgestattet sind, erlaubt es Fliegen, sich auf fast jedem Untergrund fortzubewegen, auch an Glasscheiben, Wänden und Decken.

2 **Manchmal kann man gleichzeitig kleine und große Stubenfliegen finden. Gib eine Erklärung dafür.**
Da Imagines von Insekten ausgewachsen sind, handelt es sich hier um eine Ansammlung verschiedener unterschiedlich großer Arten von Stubenfliegen.

3 In Gemeinschaften lebende Insekten

Seite 195

1 **Erläutere die Arbeitsteilung in der Gemeinschaft von Honigbienen.**
Königinnen und Drohnen übernehmen die Fortpflanzung. Alle übrigen Tätigkeiten, die mit der Brutpflege, dem Nestbau, der Verteidigung und der Ernährung im Zusammenhang stehen, werden von unfruchtbaren weiblichen Tieren übernommen, den Arbeitsbienen.

2 **Vergleiche die Bienenformen miteinander. Erstelle dazu eine Tabelle.**
Die Tabelle könnte wie folgt aussehen:

Bienenwesen (Kaste)		Körpermerkmale	Aufgaben in der Gemeinschaft
	Arbeits-biene	kleinstes Bienenwesen; Mundwerkzeuge gut zum Nektarsaugen geeignet; hinteres Beinpaar als Sammelbein für Pollen ausgebildet	je nach Alter wechselnd, z. B. Wabenreiniger, Ammenbiene, Baubiene, Honigbiene, Honigmacher, Torwächter, Sammelbiene
	Königin	größtes Bienenwesen; sehr langer Hinterleib, der von den Flügeln nicht ganz verdeckt wird; Mundwerkzeuge weniger gut ausgebildet als bei Arbeiterbienen	Zusammenhalt der Gemeinschaft; Fortpflanzung (weibliches Tier)
	Drohne	plumper Hinterleib, sehr große Augen, gut ausgebildete Fühler; Mundwerkzeuge weniger gut ausgebildet	Fortpflanzung (männliches Tier); Begattung der jungen Königin während des »Hochzeitsfluges«

3 **Wende das biologische Prinzip Struktur und Funktion auf die Sammelbeine der Biene an.**
Der Aufbau und die Funktion der Sammelbeine werden ausführlich im Lehrbuchtext erläutert. Zusammenfassend kann gesagt werden, dass die verschiedenen Strukturen dazu dienen, Pollen aus dem Pelz zu streifen, diesen zu sammeln und zu komprimieren sowie zu transportieren.

Seite 197

1 **Nenne Tätigkeiten von Arbeitsbienen, in denen die verschiedenen Sinnesorgane von Bedeutung sind.**
Grundsätzlich benötigt die Arbeitsbiene bei allen Tätigkeiten die Gesamtheit der Sinnesorgane. Im dunklen Stock spielen allerdings Tastsinn, Erschütterungssinn, Lautwahrnehmung und chemische Sinne die dominierende Rolle. Lediglich die Sammelbienen, die sich auch außerhalb des Nestes aufhalten, sind vorwiegend auf die Orientierung über die Augen angewiesen.

2 Bienen und Menschen sehen ihre Umwelt unterschiedlich. Begründe diese Aussage anhand der Abbildungen 2 und 4.

Da Bienen und Menschen ein unterschiedliches Farbspektrum haben, ist die subjektive Wahrnehmung der Umwelt verschieden. Die Abbildung der gleichen Blüte in unterschiedlichem Licht auf Seite 63 im Lehrbuch verdeutlicht dies. Der Seheindruck einer Biene wird zusätzlich durch die Fähigkeit beeinflusst, polarisiertes Licht wahrnehmen zu können. Weitere Unterschiede liegen in der Bildschärfe. Bienen sehen ihre unmittelbare Umgebung wahrscheinlich mehr oder weniger scharf, während sie entfernte Gegenstände wohl nicht wahrnehmen können. Das Bienenauge ist auch nicht zur Akkomodation in der Lage. Dafür können Insekten Bewegungsabläufe wesentlich detaillierter analysieren als das menschliche Auge. Wie eine Biene ihre Umwelt wirklich wahrnimmt, ist für den Menschen allerdings kaum nachvollziehbar. Auf jeden Fall ist die Wahrnehmung der Umwelt eine andere als bei uns Menschen.

3 Wende das biologische Prinzip Information und Kommunikation auf die Bienentänze an.

Mit Hilfe der Tänze können Bienen Informationen über die Lage, die Entfernung und die Reichhaltigkeit von Futterquellen weitergeben.

Seite 199

1 Beschreibe den Aufbau eines Ameisennestes und erläutere seine Bedeutung für die Gemeinschaft.

Das Ameisennest liegt teilweise im Boden, teilweise in einem von den Tieren aufgebauten Haufen, vorwiegend aus Nadeln. Innen besteht das Nest aus einer Vielzahl von Kammern, die durch Gänge miteinander verbunden sind. Das Ameisennest verfügt über viele Zu- und Ausgänge, die bei Bedarf auch verschlossen werden können. Auf diese Weise kann das Eindringen von Wasser verhindert werden; Temperatur und Luftfeuchtigkeit werden konstant gehalten. In den Kammern ziehen die Ameisen ihre Brut auf. Unten sind in der Regel die Eier und die jungen Larven zu finden, ältere Larven und Puppen dagegen weiter oben. Andere Kammern dienen der Speicherung von Nahrung.

2 Vergleiche die Organisation der Gemeinschaften von Waldameisen und Honigbienen tabellarisch miteinander.

Die Tabelle könnte folgendermaßen aussehen:

	Honigbiene	Waldameise
Zahl der Kasten	drei	drei
Zahl der Königinnen pro Volk	eine	eine bis viele
Männchen	nur wenige pro Volk; leben nur kurzzeitig	nur wenige pro Volk; leben nur kurzzeitig
Arbeiterinnen	unfruchtbare Weibchen; geflügelt	unfruchtbare Weibchen; ohne Flügel
Aufgaben der Arbeiterinnen	verschiedene Tätigkeiten nach einem relativ starren Schema	keine starre Abfolge bestimmter Funktionen; meist Übernahme einer Tätigkeit über einen längeren Zeitraum
Verständigung	Düfte, Bienentänze	Düfte, Betrillern mit den Fühlern
Größe eines Volkes	30 000 bis 80 000 Tiere	bis zu 2 Millionen Tiere
Alter der Völker	mehrjährig	mehrjährig
Art des Nestes	in oberirdischen Hohlräumen; Waben aus Wachs	kombiniertes unter- und oberirdisches Nest (Ameisenhaufen aus Pflanzenmaterial)
Art der Nahrung	Nektar und Pollen	Pflanzen und Tiere (bes. Insektenlarven); Honigtau
Wintervorrat	Honig	wird nicht angelegt
Neugründung von Völkern	durch Schwärmen eines Teils des Volkes mit der alten Königin	durch Gründung einer Tochterkolonie oder durch eine junge begattete Königin

3 Begründe, warum Waldameisen unter Naturschutz stehen.

Waldameisen stehen unter Naturschutz, weil sie sich von vielen Schadinsekten des Waldes ernähren.

Seite 200

1 Auch Hummeln leben in Gemeinschaften. Informiere dich über die Lebensweise dieser Tiere.

Hummeln bauen ihr Nest oft in Erdlöchern, Baumhöhlen oder verlassenen Vogelnestern. Sie legen mehrere Brutzellen aus Wachs an, in denen die Larven heranwachsen. Zur Verpuppung spinnen sich die Larven in Seidenkokons ein, die nach dem Schlüpfen als Speicher für Nektar und Pollen dienen.

Gemeinschaft: wenige hundert Tiere; eine Königin; viele Arbeiterinnen; im Sommer auch Drohnen; Volk besteht nur einen Sommer; es überwintern junge begattete Königinnen.

Lebensweise: Nestgründung durch eine Königin im Frühjahr; die ersten Arbeiterinnen sind sehr klein; später entwickeln sich normal große Tiere; Sammeln von Nektar und Pollen zur Ernährung der Larven und Imagines

2 Vergleiche die Gemeinschaften bei Bienen, Hummeln, Wespen und Termiten tabellarisch miteinander.
Die Tabelle könnte folgendermaßen aussehen:

	Nest	Gemeinschaften	Nahrung	Geschlechtstiere
Bienen	Waben aus Wachs in Hohlräumen	viele tausend Tiere (Arbeitsbienen)	Nektar und Pollen	1 Königin; zeitweise einige Drohnen
Hummeln	in Hohlräumen mit Waben aus Wachs	kleine Völker	Nektar und Pollen	1 Königin; zeitweise einige Drohnen
Wespen	Papiernester in Hohlräumen	kleine Völker	Insekten, Früchte, Pflanzensäfte	1 Königin; zeitweise auch männliche Tiere
Termiten	teils ober-, teils unterirdische, feste Bauten	sehr große Völker	Holz, Humus, z.T. Pilze	1 männliches und 1 weibliches Geschlechtstier pro Volk; geflügelte Geschlechtstiere gründen neue Gemeinschaften

3 Erläutere die biologische Wirksamkeit der gelbbraunen Körperfärbung der Hornissen. Wende das biologische Prinzip Information und Kommunikation an.
Der Farbwechsel gelb/schwarz oder braun erzielt den größtmöglichen Kontrast. Die Hornisse signalisiert möglichen Fressfeinden damit, dass sie durchaus wehrhaft ist und es sich leisten kann, gesehen zu werden. Weniger wehrhafte Arten tarnen sich dagegen mit unauffälligen Farben.

Seite 201

A1 Farbensehen bei Bienen
a) Erläutere, warum durch eine solche Versuchsanordnung bewiesen werden kann, dass Bienen die Farbe Blau erkennen.
Wenn durch die Versuchsbedingungen ausgeschlossen werden kann, dass sich die Tiere über den Geruchssinn orientieren, legen die Ergebnisse nahe, dass sich die Bienen die Lage der Futterquelle aufgrund der Farbe gemerkt haben. Der vorliegende Versuch lässt darauf schließen, dass die Bienen die Farbe Blau von den unterschiedlichen ausgelegten Grautönen unterscheiden können.

b) Schlage ergänzende Versuche vor, mit denen man die Wahrnehmung anderer Farben nachweisen könnte.
Durch die Variation der Papierfarbe kann untersucht werden, welche Farbtöne Bienen voneinander unterscheiden können.

c) Begründe, welches Ergebnis ein Versuch hat, bei dem außer verschiedenen Grautönen rotes Papier verwendet wird.
Da Bienen Rot nicht als Farbe wahrnehmen können, ist davon auszugehen, dass sie rote Blätter nicht von bestimmten Grautönen unterscheiden können.

A2 Bienentänze
a) Erläutere die Funktion der Bienentänze unter Verwendung des Basiskonzepts Information und Kommunikation.
Durch die Bienentänze können Sammelbienen nach einem Sammelflug anderen Mitgliedern der Gemeinschaft im Stock Informationen über Lage, Größe und Art einer Futterquelle mitteilen.

b) Zeichne in deine Biologiemappe passende Geländeskizzen zu den Tänzen A bis D. Berücksichtige dabei die relative Lage zwischen Nest, Futterstelle und Sonnenabstand.
Die Geländeskizzen müssen folgendermaßen angelegt sein:

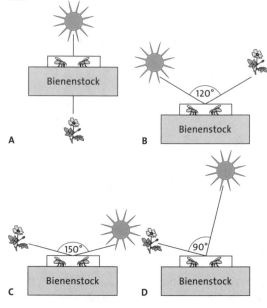

A3 Kommunikation bei Ameisen
a) Beschreibe die dargestellten Verhaltensweisen und erläutere ihre biologische Bedeutung.
A: Betrillern von Artgenossen (innerartliche Informationsweitergabe, Betteln um Futter); **B:** Abwehr von Feinden durch Spritzen mit Ameisensäure; **C:** Betrillern von Blattläusen, Auf-forderung zur Abgabe von Honigtau.
b) Begründe, welche dieser Verhaltensweisen dem biologischen Prinzip Information und Kommunikation zugeordnet werden können.
Die Verhaltensweisen A und C können dem Basiskonzept Information und Kommunikation zugeordnet werden. Durch das betrillern versucht die Ameise eine bestimmte Reaktion beim Partner zu erreichen.

4 Die Vielfalt der Insekten

Seite 202

1 Stelle die Körpermerkmale der Insektenordnungen in Abbildung 1 tabellarisch zusammen.

Eintagsfliegen	kurze Fühler; Flügel in Ruhe nach oben zusammengeklappt; drei lange, fadenförmige Hinterleibsanhänge
Ohrwürmer	zwei Zangen am Hinterleib; Vorderflügel kurz und derb, häutige Hinterflügel darunter verborgen
Schaben	Körper flach; lange Fühler; Deckflügel geadert
Wanzen	meist flacher, breiter Körper; Deckflügel vorn lederartig, an den Spitzen oft häutig
Netzflügler (hier: Florfliegen)	vier häutige, reich geaderte Flügel, die in Ruhe dachförmig zusammengelegt werden; Florfliegen mit langen Fühlern und grüner Körperfärbung, Augen goldglänzend (»Goldauge«)
Fischchen	Körper silbrig und flach; lange Fühler; drei Anhänge am Hinterleib

2 Informiere dich über Lebensraum und Lebensweise einzelner Arten aus den Ordnungen in Abbildung 1. Nutze dazu Fachbücher und das Internet. Stelle die Arten in Form einer Präsentation vor.
Es bietet sich an, vier bis maximal sechs Ordnungen in Präsentationen vorstellen zu lassen.

Seite 203

1 Erläutere den Aufbau des Bestimmungsschlüssels und seine Handhabung.
Der Bestimmungsschlüssel ist nach dem Ausschlussverfahren aufgebaut. Zur Bestimmung muss jeweils eine Entscheidung unter zwei Möglichkeiten getroffen werden. Bei den meisten Bestimmungen sind mehrere solcher Entscheidungsschritte erforderlich. Ist dies der Fall, enthält der Schlüssel jeweils einen Verweis, an welcher Stelle die Bestimmung fortgesetzt werden muss.

2 Bestimme mit Hilfe des Bestimmungsschlüssels die abgebildeten Käfer.
(A) Goldlaufkäfer; (B) Gelbrandkäfer; (C) Kartoffelkäfer; (D) Hirschkäfer; (E) Nashornkäfer; (F) Totenkäfer (Totengräber); (G) Mistkäfer; (H) Rosenkäfer; (I) Marienkäfer; (J) Schnellkäfer.

5 Insekten und Wirbeltiere im Vergleich

Seite 204

1 Stelle Unterschiede zwischen Insekten und Wirbeltieren tabellarisch gegenüber. Berücksichtige dabei auch Merkmale, die in Abbildung 1 nicht aufgeführt sind.
Die Abbildung im Schülerband auf Seite 205 kann erweitert werden.
Zum Beispiel:

Körperbedeckung	Federn (Schuppen, Haut)	Chitinpanzer
Gliedmaßen	Paargliedrigkeit	sechs Extremitäten

6 Krebstiere

Seite 207

1 Stelle mit Hilfe der Abbildung 2 Merkmale zusammen, die den Flusskrebs als Gliederfüßer kennzeichnen.
Schrittbeine und Hinterleibsfüße sind beim Flusskrebs gegliedert, weshalb er den Gliederfüßern zugeordnet wird.

2 Wende das biologische Prinzip Variabilität auf die Krebstiere an. Nutze dazu die Abbildungen 1, 3 und 4.
Krebstiere zeigen eine große Vielfalt an Formen und Arten. Sie sind an viele unterschiedliche Lebensräume angepasst. Unterschiedlichen Anpassungen in Körperform, Größe, Farbe und Ausprägung der Extremitäten kann man auf den Abbildungen im Schülerband sehr gut erkennen.

Seite 208

1 Erkläre, warum Kellerasseln nachtaktiv sind und sich tagsüber in dunklen, feuchten Verstecken verbergen.
Im Text und in der Abbildung 1 wird deutlich die Abstammung von Wassertieren hervorgehoben: Asseln dürfen nicht austrocknen, da sonst ihre Atmung nicht

mehr funktionieren würde. Ebenso würden Trockenheit und Hitze die Entwicklung der Jungtiere gefährden.

2 **Im Gegensatz zu den Landasseln ist der Palmdieb von seinem ursprünglichen Lebensraum, dem Wasser, nicht vollständig unabhängig. Erläutere diese Aussage.**
Seine ersten Larvenstadien verlebt der Palmendieb vollständig im Meer. Nach einigen Häutungen schließt sich eine amphibische Lebensweise an, bevor der Krebs das Wasser endgültig verlässt um an Land zu leben.

Seite 209

A1 **Entwicklung beim Flusskrebs**
a) Beschreibe die Entwicklung des Flusskrebses. Wie unterscheidet sich die Larve vom erwachsenen Krebs?
Die Jugendstadien des Flusskrebses zeigen bereits große Ähnlichkeiten mit dem ausgewachsenen Tier: Die endgültige Körpergliederung ist schon im ersten Stadium direkt nach dem Schlüpfen vorhanden, allerdings ist der Brustbereich noch stark aufgebläht (Dottervorrat in den Mitteldarmdrüsen) und der Hinterleib trägt noch keine Gliedmaßen. Im zweiten Stadium ist die endgültige Krebsgestalt bereits gut zu erkennen, nur die Scheren am ersten Laufbeinpaar sind im Vergleich zum ausgewachsenen Krebs noch klein und unscheinbar.
b) Vergleiche diese Entwicklung mit der bei Insekten.
Eine echte Larve, die sich vom ausgewachsenen Tier vollständig unterscheidet, wird beim Flusskrebs nicht ausgebildet.
Hinweis: In der Fachliteratur wird die Entwicklung beim Flusskrebs in der Regel als direkt, also ohne Larvenstadium, gekennzeichnet. Die frisch geschlüpften Tiere werden auch als Postlarve bezeichnet. Die Abbildung im Lehrbuch zeigt aber, dass es zwischen Jugendstadien bei direkter Entwicklung und Larvenstadien fließende Übergänge gibt, die eine eindeutige Zuordnung erschweren. Es wäre daher auch korrekt, die Entwicklung des Flusskrebses mit der unvollkommenen Metamorphose bei Insekten zu vergleichen.

V2 **Mikroskopieren von Wasserflöhen**
a) Vergleiche den Wasserfloh mit dem Schema in Abb. 4 auf S. 207. Welche Körperteile kannst du erkennen? Erstelle eine beschriftete Skizze.
Auf jeden Fall sind die Ruderantennen, die Blattfüße, das Komplexauge, die Verdauungsorgane und das Herz zu erkennen. Zudem fällt auch der Brutraum auf, wenn er mit Eiern besetzt ist.

b) Beobachte die Herztätigkeit und ermittle, wie oft das Herz in der Minute schlägt.
Das Herz schlägt sehr schnell, pro Minute meist mehr als 200 Mal.

V3 **Experimente mit Kellerasseln**
a) Plane die Versuche, durch die du herausfinden kannst, welche Umweltbedingungen Asseln bevorzugen. Berücksichtige bei deiner Planung den Lebensraum und die Lebensweise der Tiere. Erstelle zunächst eine schriftliche Versuchsanleitung. Ergänze eventuell die Liste des benötigten Materials.
Folgende Versuchsansätze sind zum Beispiel denkbar: 1) Die eine Seite der Petrischale ist dunkel, die andere hell; 2) Die eine Seite ist feucht, die andere trocken; 3/4) Eine Seite ist hell und feucht, die andere dunkel und trocken und umgekehrt. Damit die Asseln die Petrischale nicht verlassen können, muss diese mit einem Deckel verschlossen werden. Das Abdunkeln kann mit unterschiedlichem Filtrierpapier oder mit einer aufgelegten Pappe erfolgen. Zudem kann auch die Helligkeit verändert werden (z. B. Tageslicht, Beleuchtung mit einer Lampe). Die Ergänzungen der Materialliste richten sich dann nach den konkreten Versuchsplanungen.
b) Führe die Versuche gemäß deiner Planung durch.
Die Durchführung hängt im Einzelnen von der konkreten Planung in a) ab.
c) Protokolliere deine Ergebnisse. Vergleiche und erläutere das Verhalten der Asseln im Experiment mit dem in ihrem natürlichen Lebensraum.
Die Asseln bevorzugen eine dunkle gegenüber einer hellen sowie eine feuchte gegenüber einer trockenen Umgebung. Wird die Kombination hell/feucht und dunkel/trocken geboten, wird in der Regel die Dunkelheit bevorzugt, doch hängt dies auch von der Temperatur und der Helligkeit ab. Zu erklären ist das Verhalten der Asseln mit ihrem fehlenden Verdunstungsschutz. Daher suchen die Tiere die Stellen auf, an denen sie gegen das austrocknende Licht geschützt sind und wo ihnen am meisten Feuchtigkeit zur Verfügung steht.

7 Spinnentiere

Seite 211

1 Stelle Unterschiede im äußeren und inneren Körperbau von Spinnen und Insekten tabellarisch gegenüber.

Insekten	Spinnen
3 Beinpaare, meist 2 Flügelpaare	4 Beinpaare, keine Flügel
Segmentierung deutlich	Segmentierung nicht erkennbar
Gliederung in Kopf, Brust und Hinterleib	Gliederung in Kopfbruststück und Hinterleib
Koplexaugen	Punktaugen
1 Fühlerpaar	keine Fühler
Mundwerkzeuge: Oberlippe, Oberkiefer, Unterkiefer, Unterlippe	Mundwerkzeuge: Chelizeren, Kiefertaster
Röhrentracheen	Röhren- und Fächertracheen
keine Spinndrüsen*	Spinndrüsen am Hinterleib

Hinweis: Insekten, die Spinnfäden erzeugen können, verfügen über umgewandelte Speicheldrüsen, in denen die Spinnwolle gebildet wird.

2 Erläutere Struktur und Funktion eines Radnetzes. Finde für die Abbildungen 2A bis D sinnvolle Bildunterschriften.

Zunächst wird ein Grundgerüst aus wenigen Fäden gesponnen, das anschließend durch Rahmen- und Speichenfäden ergänzt wird. Anschließend webt die Spinne, ausgehend von der Netzmitte, wo aus einigen ungeordneten Fäden die Warte entsteht, die Hilfsspirale. Diese wird schließlich wieder aufgefressen und durch die klebrige Fangspirale ersetzt. Ein Signalfaden wird angelegt, wenn die Spinne ihre Warte verlässt und in einem Schlupfwinkel auf Beute wartet. Zur **Stabilität**: Die Rahmenfäden verankern das Netz im Gelände, während die Speichenfäden der Fangspirale als Halt dienen. Die Fangspirale stützt ihrerseits die gesamte Netzstruktur.

Mögliche **Bildunterschriften**:
A – Bau des Grundgerüstes
B – Vervollständigung des Grundgerüstes durch Rahmen- und Speichenfäden
C – Aufbau der Warte und der Hilfsspirale
D – Einziehen der Fangspirale

3 Begründe, warum die Spinne beim Bau der Fangspirale die Hilfsspirale auffrisst.

Der Faden der Hilfsspirale besteht wie das gesamte Netzmaterial aus Eiweißstoffen. Dabei handelt es sich um wertvolle Nährstoffe, die nach der Verdauung von der Spinne erneut genutzt werden können.

Seite 212

1 Beschreibe die Unterschiede zwischen Radnetzen und Deckennetzen.

Radnetze werden in der Regel mehr oder weniger vertikal, also aufrecht stehend, aufgehängt. Sie bestehen aus Rahmenfäden, von denen radial Speichenfäden zum Netzzentrum führen. Auf diesen Speichen ist die klebrige Fangspirale befestigt. Decknetze sind vorwiegend horizontal, beispielsweise am Boden oder an Decken, ausgebreitet und meist mit Stolperfäden verbunden, an denen Beutetiere im Flug oder Lauf ins Straucheln geraten und auf das Netz stürzen. In Deckennetzen sind nur bei einigen Spinnenarten manche Fäden mit Leim versehen.

2 Erkläre, welchen Vorteil Krabbenspinnen daraus ziehen, dass sie ähnlich wie die Blüte gefärbt sind, auf der sie lauern.

Durch die ähnliche Färbung sind die Krabbenspinnen getarnt, sodass Beutetiere ihnen nahe kommen, ohne die Gefahr zu bemerken. Es handelt sich also um eine Angepasstheit im Zusammenhang mit dem Nahrungserwerb. Andererseits entgeht die Krabbenspinne durch ihre Tarnung auch manchem Beutegreifer, der sich sonst von diesen Spinnen ernähren würde.

Hinweis: Die unterschiedliche Färbung von Krabbenspinnen hängt von der jeweils aufgenommenen Nahrung ab. Nur die Weibchen sind befähigt ihre Farbe zu verändern, Männchen ändern ihre Farbe nicht.

Seite 215

1 Nenne unterschiedliche Ernährungsformen bei Milben.

Pflanzensauger (Gallmilben), Blutsauger (Zecken), Innenparasiten in der Haut (Krätz- und Räudemilben), Detritusfresser (Hausstaubmilben), Laubfresser (Hornmilben), Räuber (Raubmilben).

2 Erläutere anhand der Abbildung 2, auf welche Weise Zecken in die Haut eindringen können. Nutze das biologische Prinzip Struktur und Funktion.

Die Mundwerkzeuge der Zecke (Chelizeren) sind als Stechrüssel ausgebildet. Mit Hilfe einer Art Stilett wird die Haut angeritzt, die nach hinten gerichteten Zähnchen verankern den Kopf der Zecke in der Stichwunde. Nun kann durch Saugbewegungen Blut als Nahrung aufgenommen werden. Die besondere Struktur der Mundwerkzeuge ist auf die Art der Nahrungsaufnahme abgestimmt.

3 Begründe, warum es angebracht ist, bei einem Zeckenbefall den Arzt aufzusuchen.
Da durch Zeckenstiche verschiedene Infektionskrankheiten übertragen werden können, die teilweise auch eine längere Inkubationszeit haben, ist ein Arztbesuch anzuraten. Zudem kann nur der Arzt die Zecke sachgerecht und vollständig entfernen.

4 Hausstaubmilben sind keine Parasiten. Erläutere.
Hausstaubmilben ernähren sich von organischen Resten, beispielsweise von Hautschuppenteilchen des Menschen, die sie am Boden, in Betten und Polstermöbeln finden. Der Mensch selbst wird von den Milben nicht direkt aufgesucht. Daher kann nicht von einem Parasiten gesprochen werden.

Seite 216

1 Liste gemeinsame Merkmale aller Spinnenverwandten auf. Berücksichtige dabei sowohl die Tiere auf dieser Seite als auch Webspinnen und Milben.
Körpergliederung: Kopfbruststück, Hinterleib.
Kopfbruststück: ohne Fühler, ohne Flügel, Mundwerkzeuge = Chelizeren, Kiefertaster (bei Schwertschwänzen ist dieses Extremitätenpaar wie die folgenden Laufbeinpaare gebaut), vier Laufbeinpaare.

2 Begründe, warum die Pseudoskorpione in eine eigenständige Tiergruppe neben die echten Skorpione gestellt werden.
Pseudoskorpione haben keinen schwanzartig verschmälerten Hinterleib und auch keinen Giftstachel am Hinterende. Lediglich ihr Kopfbruststück mit den großen Kiefertastern und den daran sitzenden Scheren erinnert an Skorpione.

3 Informiere dich mit Hilfe von Fachbüchern oder im Internet über weitere Arten der Skorpione. Bereitet in Gruppen eine Präsentation vor.
Als Beispiel sei der Gelbe Skorpion aufgeführt:
Name: Gelber Skorpion *(Buthus occitanus)*
Größe: bis 8 cm Körperlänge
Vorkommen: Südfrankreich, Iberische Halbinsel, Nordafrika, Zypern
Merkmale und Lebensweise: hellgelblich bis orange gefärbt, Rücken mit dunklen Querstreifen, ziemlich dicker Hinterleib; hält sich tagsüber unter Steinen oder (bei sehr großer Hitze) im Boden vergraben auf
Besonderheit: Stich sehr schmerzhaft, manchmal tödlich
Hinweis: Zur Präsentation von Kurzvorträgen über Skorpione und andere »gefährliche« Spinnentiere sind Schautafeln (Informationsplakate) oder Powerpoint-Präsentationen geeignet.

4 Erkläre, warum die Bezeichnung Pfeilschwanzkrebs nicht ganz zutreffend ist.
Die Pfeilschwanzkrebse haben bei oberflächlicher Betrachtung nur wenige Gemeinsamkeiten mit den Spinnentieren. Die mit Scheren besetzten Kiefertaster und Laufbeine erinnern dagegen zunächst an Krebstiere. Die Körpergliederung, das Fehlen von Fühlern und das Vorhandensein von Chelizeren als Mundwerkzeuge weist diese Tiergruppe aber eindeutig als Spinnenverwandte aus.
Hinweis: In der Überschrift der Seite 76 im Lehrbuch wird die Bezeichnung Spinnentiere verwendet. Im engeren Sinne gehören zu den eigentlichen Spinnentieren Webspinnen, Milben, Skorpione, Pseudoskorpione und Weberknechte sowie einige weitere, im Lehrbuch nicht genannte, Gruppen. Die Pfeilschwanzkrebse (Xiphosura) werden in der Fachliteratur als eigene Klasse (neben weiteren) den Spinnentieren (Arachnida) zur Seite gestellt. Das Vorkommen von Chelizeren ist ein allen Spinnenverwandten gemeinsames Merkmal. Diese Tiergruppen werden zur Überklasse Chelicerata zusammengefasst.

Seite 217

A1 Merkmale von Webspinnen
Erläutere, welche Merkmale einer Webspinne und eines Radnetzes in der Zeichnung richtig, welche falsch dargestellt sind.
Ganz korrekt ist nur die Anzahl der Beine angegeben, die Mundwerkzeuge erinnern zumindest entfernt an Chelizeren mit Giftklauen. Nicht korrekt ist bereits die Körpergliederung, die zwar eine Zweiteilung zeigt, aber in Kopf und Rumpf und nicht in Kopfbruststück und Hinterleib. Die eingezeichnete Segmentierung bzw. Gliederung des Rumpfes ist bei Spinnen nicht vorhanden. Am Kopf sind zwei große Augen eingezeichnet, in Wirklichkeit sind es aber meist acht Augen, von denen allerdings zwei besonders groß sein können. Die Gliederung der Extremitäten erinnert an Wirbeltiere, nicht aber an Gliederfüßer. Auch das Netz ist nicht korrekt dargestellt. Die Zahl der Speichenfäden ist zu gering, der Rahmen ist nicht quadratisch und die Fangspirale ist eine wirkliche Spirale und keine Folge konzentrischer Kreise.

V2 Beobachtungen an Zitterspinnen
a) Beschreibe den Aufbau des Netzes.
Es handelt sich nicht um ein geordnetes Radnetz, sondern um ein unregelmäßiges, weitmaschiges Netz ohne erkennbare Strukturen. Die Spinne hängt mit dem Rücken nach unten im Netz, kann sich bei Störungen aber auch erstaunlich flink an den Fäden entlang hangeln.
b) Beobachte und protokolliere den Beutefang und die Nahrungsaufnahme.
An den klebrigen Fangfäden verfangen sich meist kleine fliegende Insekten. Die Spinne nähert sich einer Beute mit langsamen, federnden Bewegungen ihrer langen Beine. Nach dem Biss wird die Beute mit den Chelizeren festgehalten und schließlich langsam ausgesaugt. Große Beutetiere werden zunächst blitzschnell mit Fäden gefesselt. Die langen Beine der Spinne halten dabei das zappelnde Opfer auf Distanz.
c) Puste die Spinne im Netz kurz und kräftig an. Stelle eine begründete Vermutung zur biologischen Bedeutung des beobachteten Verhaltens auf. Erläutere den Namen »Zitterspinne«.
Die Spinne zieht mehrfach ruckartig ihre Beine an, sie zittert. Dadurch gerät das ganze Netz in Schwingungen. Der Körper schwingt so heftig, dass er kaum mehr zu erkennen ist. Dieses Schutzverhalten (Somatolyse) erschwert möglichen Fressfeinden den Zugriff.
Hinweis: Zitterspinnen (Familie: Zitterspinnen, Pholcidae) sind aufgrund ihrer weberknechtartig langen Beine (wiss. Name: *Pholcus opilionides;* Opilinones: Weberknechte) und dem Aufbau ihres Netzes unverwechselbar. Als Zusatzaufgabe kann man Schüler begründen lassen, warum die Zitterspinne trotz ihrer oberflächlichen Ähnlichkeit mit Weberknechten dennoch eine echte Webspinne ist.

A3 Spinnentiere
a) Vergleiche die Kiefertaster bei den abgebildeten Spinnentieren miteinander. Orientiere dich dabei am biologischen Prinzip Struktur und Funktion.
Bei den Webspinnen sind die Kiefertaster verhältnismäßig klein, aber wie Laufbeine gegliedert. Ihre Funktion ist das Betasten der Beute (Tastsinnesorgan). Bei Walzenspinnen sind die Kiefertaster länger und breiter als die ersten Laufbeinpaare. Sie haben die Funktion eines zusätzlichen Laufbeinpaares, das zudem noch Haftorgane trägt. Skorpione haben sehr kräftige Kiefertaster mit großen Scheren, die zum Ergreifen der Beute dienen. In ähnlicher Weise verfügen auch die Geißelskorpione über Scheren tragende Kiefertaster, die als Fangbeine eingesetzt werden.

b) Walzenspinnen und Geißelskorpione sind weitere Ordnungen der Spinnentiere. Informiere dich über Körpermerkmale und Lebensweise. Berichte.
Walzenspinnen: Hinterleib walzenförmig, segmentiert; Chelizeren als mächtige Greifscheren ausgebildet, ohne Giftdrüsen; nachtaktiv; aktiver Jäger, baut kein Netz.
Geißelskorpione: Körper länglich, flach; Hinterleib segmentiert und mit einem langen, gegliederten Fortsatz (Tastorgan); Kiefertaster mit Scheren zum Beutefang; Chelizeren ohne Giftdrüsen; nachtaktiv.

A4 Netzbewegungen
a) Vergleiche die verschiedenen Netzbewegungen miteinander und erläutere, mit welchem Sinn sich die Spinne am Netz orientiert.
Durch den Wind hervorgerufene Netzbewegungen erfolgen langsam; das Netz schwingt in recht regelmäßigen Abständen hin und her. Hat sich eine Beute im Netz verfangen, zappelt diese unruhig, wodurch kurze, rasch wiederkehrende Bewegungen des Netzes erzeugt werden. Herrscht gleichzeitig Wind, überlagern diese kurzen Schwingungen die durch den Wind hervorgerufenen Bewegungen. Zupft ein Männchen am Netz, so ist dies durch ein charakteristisches Schwingungsmuster erkennbar. Das Männchen der gleichen Art (es handelt sich hier um die Spinne Amaurobius similis) macht durch regelmäßiges, kurzes Zupfen am Netz auf sich aufmerksam. Artfremde Männchen (hier Amaurobius ferox) erzeugen ganz andere Bewegungsmuster im Netz und werden, wenn sie sich irrtümlich einem artfremdem Netz nähern, nicht als Geschlechtspartner erkannt. Die Spinne orientiert sich im Netz vorwiegend mit dem Tastsinn.

8 Weichtiere

Seite 219

1 Nenne mit Hilfe der Abbildungen 1 bis 6 charakteristische Merkmale von Gehäuseschnecken.
Merkmale von Gehäuseschnecken sind: Gliederung in Kopf, Fuß (Kriechsohle) und Gehäuse mit inneren Organen (Eingeweidesack); Radula.

2 Bei den meisten Tieren kann man eine gleich aufgebaute linke und rechte Körperseite unterscheiden. Sie sind zweiseitig-symmetrisch gebaut. Untersuche, ob dies auch für Gehäuseschnecken zutrifft.
Das Gehäuse hat keine Symmetrieachse.
Hinweis: Nicht bei allen Schnecken ist das Gehäuse asymmetrisch gebaut (Beispiel: Napfschnecken des Meeres).

3 Informiere dich über die Schneckenarten in Abbildung 6. Erstelle Steckbriefe nach dem Muster der Seiten »Wissen kompakt«.

(A) **Name:** Hain-Schnirkelschnecke *(Cepaea nemoralis)*
Größe: Schale bis zu 3 cm hoch
Merkmale: Gehäuse meist gelb und braun gebändert, Saum dunkel; die Färbung kann jedoch recht unterschiedlich ausfallen; auch einfarbige Gehäuse kommen vor
Lebensraum: Gebüsche, lichte Wälder, Gärten, Parks

(B) **Name:** Bernsteinschnecke *(Succinea putris)*
Größe: Schale bis 2 cm hoch
Merkmale: Gehäuse bernsteinfarbig, dünn und zerbrechlich; Gewinde kurz, nur der letzte Umgang ist breit mit weiter Mündung
Lebensraum: feuchte Wiesen, Auwälder, Gewässerufer

(C) **Name:** Große Schlammschnecke oder Spitzschlammschnecke *(Lymnaea stagnalis)*
Größe: Gehäuse bis zu 6 cm hoch
Merkmale: Gehäuse bräunlich bis hornfarben; Gewinde spitz ausgezogen, nur der letzte Umgang ist bauchig aufgetrieben
Lebensraum: am Grunde von pflanzenreichen, stehenden oder langsam fließenden Gewässern; Schnecken kommen zum Atmen an die Wasseroberfläche

(D) **Name:** Große Posthornschnecke *(Planorbarius corneus)*
Größe: Gehäuse bis 3,5 cm Durchmesser
Merkmale: Gehäuse scheibenförmig und dickwandig, in einer Ebene aufgerollt, meist bräunlich
Lebensraum: stehende, pflanzenreiche Gewässer; Schnecken atmen durch die Haut, kommen zum Atmen aber auch an die Wasseroberfläche

4 Erkläre, warum Weinbergschnecken bevorzugt auf kalkreichen Böden vorkommen.
Kalk muss zum Aufbau des Gehäuses aufgenommen werden. Daher kommen die Tiere nur in Gebieten mit ausreichendem Kalkanteil im Boden vor.

Seite 220

1 Nenne Merkmale, in denen sich Nacktschnecken von Gehäuseschnecken unterscheiden. Fasse deine Ergebnisse in einer Tabelle zusammen.
Nacktschnecken haben kein Gehäuse. Ihr Körper erscheint deshalb zweiseitig-symmetrisch gebaut (wenn man von der seitlichen Lage des Atemlochs bei den Landschnecken absieht).

Seite 221

1 Lege mit Hilfe der Informationen auf dieser Seite eine Sammlung von Schneckengehäusen aus dem Umfeld deiner Schule an.
Die Ausbeute an Schalen ist vom jeweiligen Schulumfeld abhängig.

9 Regenwürmer sind Bodenbewohner

Seite 224

1 Erläutere anhand der Abbildung 2, warum der Regenwurm ein wirbelloses Tier ist.
Der Regenwurm besitzt kein knöchernes Skelett, sein Körper erreicht Form und Festigkeit durch das Hydroskelett. Der Körper ist in viele weitgehend gleichförmig gebaute Segmente untergliedert. Das bedingt seine Zuordnung zu den Ringelwürmern.

2 Erkläre mit Hilfe der Abbildungen 2 und 3 die Fortbewegung.
Die alternierenden Kontraktionen der zwei Muskelschichten (Ring- und Längsmuskulatur) bewirken eine Verdickung bzw. eine Streckung des Körpers. Die Muskeln arbeiten gegen den Widerstand des Hydroskeletts. So wird der ausgeübte Druck im Inneren des Tieres verteilt, was die o.g. Veränderungen der Körperform bewirkt. Ein Verhaken der Chitinborsten im Untergrund verhindert ein Zurückrutschen bei der Fortbewegung.

3 Erkläre, auf welche Weise Regenwürmer die Bodenqualität verbessern.
Regenwürmer fressen sich durch die Erde und lassen dadurch Gänge zurück. Diese verbessern die Durchlüftung des Bodens und Wasser kann besser versickern. Durch ihre Ernährung reichern sie im Boden Mineralstoffe an, die Dünger für die Pflanzen darstellen.

4 Erkläre die Fortpflanzung des Regenwurms. Wende das biologische Prinzip Reproduktion an.
Die zwittrigen Tiere benötigen zur Fortpflanzung einen Geschlechtspartner. Geschützt durch eine Schleimhülle tauschen sie wechselseitig Spermien aus, die entlang einer Samenrinne zu den Samentaschen geleitet werden. Nach Beendigung der Kopulation gleiten die Tiere rückwärts aus der Schleimhülle. Dabei wird zuerst die weibliche Geschlechtsöffnung passiert und Eizellen werden in die Hülle entleert. Direkt danach werden aus den nachfolgend passierten Samentaschen die Spermien hinzugefügt und die Befruchtung ist gesichert. Die abgestreiften Schleimhüllen schließen sich zum Kokon, in

denen sich die jungen Würmer bis zum Schlupf entwikkeln. Man bezeichnet ein Lebewesen als Zwitter, wenn es sowohl männliche als auch weibliche Geschlechtsorgane besitzt.

Seite 225

1 Erläutere am Beispiel der gezeigten Ringelwürmer das biologische Prinzip Variabilität. Erstelle Steckbriefe mit weiteren Ringelwurmarten. Nutze dazu Tierbücher und das Internet.

Alle gezeigten Arten gehören zur Gruppe der Ringelwürmer, was u.a. an ihrer Segmentierung erkennbar ist (der innere Bau korrespondiert). Im Vergleich mit dem Regenwurm weisen der Blutegel und der Seeringelwurm Spezialisierungen am Vorderende auf, die mit ihrer Nahrung in Zusammenhang stehen (Biologisches Prinzip Variabilität).
Beispiel für einen weiteren Steckbrief:
Name: **Opalwurm** *(Nephtys hombergii)*
Länge: bis 20 mm
Lebensraum: Sandböden europäischer Meere
Merkmale: Opalwürmer bauen keine festen Röhren. Sie graben sich durch den sandigen Boden auf der Suche nach ihrer Beute wie kleinen Krebsen.

2 Vergleiche die Ernährungsweisen von Regenwurm, Blutegel und Seeringelwurm. Beziehe die Grafiken der Köpfe vom Blutegel und Seeringelwurm mit ein und wende das biologische Prinzip Struktur und Funktion an.

Der **Blutegel** als Ektoparasit besitzt drei Kiefer, die mit scharfen Zähnchen besetzt sind. Mit diesen kann er die Haut seiner Wirte öffnen und Blut saugen, das er durch die Abgabe eines gerinnungshemmenden Stoffes flüssig hält.
Der **Seeringelwurm** besitzt als Allesfresser spezielle Zangen am Rüssel, die ihn befähigen, kleinere Beuteorganismen zu packen und festzuhalten.
Der **Regenwurm** frisst verdauliche Teilchen, die an Bodenpartikeln anhaften. Außerdem zieht er Blätter in seine Wohnröhren, die dann von Bakterien und Pilzen zersetzt werden. Diese vorverdauten Blätter kann der Regenwurm aufnehmen und verwerten. Zähne oder Zangen, wie bei den Verwandten, benötigt er für seine Ernährungsweise nicht (biologisches Prinzip Struktur und Funktion).

Seite 226

V1 Bewegung des Regenwurms
a) Beobachte und beschreibe die Bewegungen der beiden Regenwürmer.
b) Achte auf Geräusche und erkläre, wie sie verursacht werden.
c) Vergleiche das Vorwärtskommen der beiden Tiere auf den verschiedenen Unterlagen.
d) Protokolliere die Ergebnisse und erkläre deine Beobachtungen.

Dem Regenwurm auf der Glasplatte ist eine Fortbewegung nicht möglich, da seine Borsten hier keinen Widerstand finden. Der Wurm auf dem Pergamentpapier kann gut kriechen, da das Papier eine raue Oberfläche aufweist, in der die Borsten sich verhaken können. Bei völliger Stille kann man das Kratzen der Borsten auf dem Papier hören.

V2 Tastempfindlichkeit beim Regenwurm
a) Beschreibe das Verhalten des Regenwurms.
Der Regenwurm bewegt sich vom Reiz weg.
b) Erkläre das beobachtete Verhalten.
Die Tastrezeptoren des Regenwurms sind an seinem Vorderende am stärksten in der Haut konzentriert. Er zeigt in Abhängigkeit von der Intensität des ausgeübten Drucks eine abgestufte negative Thigmotaxis.

V3 Reaktion auf Säure
Beschreibe die Reaktion des Wurms und begründe.
Die Abwendebewegung des Regenwurms resultiert aus der Wahrnehmung der Säure über Chemorezeptoren. Sie stellt eine negative Chemotaxis dar.

V4 Modellversuch zum Hydroskelett
a) Beschreibe, wie sich das Wasser im Luftballon verteilt. Vergleiche deine Beobachtungen mit dem Bau und der Bewegung des Regenwurms.
Die Wasserfüllung des Luftballons ist mit dem unter Druck stehenden Hydroskelett des Regenwurms vergleichbar. Ein zusätzlicher Druck von außen verstärkt den Innendruck in den einzelnen Segmenten. Dieser zusätzliche Druck wird an die benachbarten Segmente weitergegeben, was zu einer Veränderung der Körperform führt.
b) Ein Modell gibt die Verhältnisse in der Natur nur unvollständig wider. Erläutere diese Aussage am vorliegenden Beispiel.
Der Regenwurm ist außen und innen segmentiert. Dadurch wird der Druck, der durch die Muskeln ausgeübt wird, graduiert weitergegeben. Der Luftballon hat dagegen im Inneren nur eine einzige Kammer und das Wasser weicht dem Druck insgesamt aus.

V5 Lichtwahrnehmung beim Regenwurm
a) Beschreibe die Reaktion, die der Regenwurm bei Beleuchtung seiner einzelnen Körperregionen zeigt.
b) Werte deine Beobachtungen aus.

Der Regenwurm reagiert negativ phototaktisch, wobei die stärkste Reaktion bei Beleuchtung des Vorderendes erfolgt – hier liegen die meisten Photorezeptoren.

Seite 227

V6 Arbeitsleistung der Regenwürmer
a) Markiere mit einem wasserfesten Stift die Ausgangslagen der Schichten.
b) Kontrolliere zweimal pro Woche den Versuchsansatz und halte die Veränderungen in Skizzen oder durch Fotos fest.
c) Übertrage deine Beobachtungen auf die Tätigkeit frei lebender Regenwürmer und leite daraus deren Bedeutung für den Boden ab.

Nach vier Wochen wird die Schichtung im Glas kaum noch zu erkennen sein. Hier zeigt sich die Durchmischungsleistung der Regenwürmer.

A7 Regenwürmer im Ackerboden
a) Stelle die Werte in Form von Balkendiagrammen grafisch dar.
b) Berechne die prozentuale Zunahme bei der Masse des Halmgewichts und bei der Körnerzahl.
c) Erkläre die Unterschiede.

Die Zunahme des Halmgewichts beträgt +48 %, die der Körnerzahl beträgt +83 %. Durch ihre Lebensweise verbessern die Regenwürmer die Bodenqualität, was sich auf das Pflanzenwachstum auswirkt. Neben einer besseren Bewässerung und Belüftung des Bodens kommt hier ihre Düngeleistung zum tragen.

V8 Häufigkeit von Regenwürmern in unterschiedlichen Böden
a) Protokolliere deine Messergebnisse.
b) Erkläre mit Hilfe deiner Ergebnisse die unterschiedliche Häufigkeit der Regenwürmer in den untersuchten Lebensräumen.

Die drei Böden zeigen eine Abstufung im pH-Wert von sauer bis neutral in der Reihenfolge Fichtenwald, Laubwald und Weide. Die Zahlen belegen, dass Regenwürmer einen niedrigen pH-Wert meiden und eher den neutralen Bereich bevorzugen. Dabei wirken sich auch die Exkremente von Nutztieren als Nahrungsquelle für die Würmer unterstützend aus.

10 Übersicht über die wirbellosen Tiere

Seite 229

–

Wissen vernetzt – Wirbellose Tiere in ihren Lebensräumen

Seite 232

A1 Arbeitsbiene
a) Lege in deiner Biologiemappe eine Tabelle an, in der du den Ziffern in Abbildung A die korrekten Begriffe zuordnest und die Funktion der einzelnen Körperteile benennst.

Nr.	Begriffe	Funktion
1	Gehirn (Oberschlundganglion)	Verarbeitung der Sinnesinformationen
2	Komplexauge	Lichtsinnesorgan
3	Fühler (Antennen)	Tastsinn, chemischer Sinn, Temperatursinn
4	Mundwerkzeuge	Nahrungsaufnahme, Bearbeiten von Wachs
5	Extremitäten	Laufbeinpaare, hinteres Beinpaar Sammelbeine
6	Honigmagen	Aufbewahrung von Nektar
7	Bauchmark	Strickleiternervensystem; Weiterleitung von Informationen im Körper
8	Wachsdrüsen	Wachserzeugung für den Wabenbau
9	Stachelapparat	Schutz
10	Darm	Verdauung
11	Herzschlauch	Blutzirkulation
12	Flügel	Flugorgane

b) Nenne Körpermerkmale der Honigbiene, die für alle Insekten zutreffen.

Folgende Merkmale sind typisch für Insekten: der Chitinpanzer als Außenskelett, ein Körper, der in drei Abschnitte gegliedert ist (Kopf, Brust, Hinterleib), sechs gegliederte Beine (Hüfte, Schenkelring, Schenkel, Schiene, Fuß), das Tracheensystem zur Atmung, ein an der Rückenseite gelegenes Herz, ein offenes Blutkreislaufsystem, ein Strickleiternervensystem, Komplexaugen, gegliederte Mundwerkzeuge, ein Fühlerpaar sowie die Flügel (viele Insekten haben zwei Flügelpaare).

b) Erläutere Struktur und Funktion des Stachelapparates.

Mit dem Stachelapparat können Bienen Angreifern eine Hautverletzung beibringen, in die Gift aus den Giftdrüsen injiziert wird. Aus dem Chitinpanzer eines Gliederfüßers kann die Biene den Stachel wieder herausziehen. Beim Stich eines Säugetieres bleiben die mit Widerhäkchen versehenen Stechborsten jedoch in der elastischen Haut stecken. Fliegt die Biene fort, reißt in der Regel der gesamte Stachelapparat aus, sodass die Biene stirbt.

A2 Mistwurm
a) Ordne den Ziffern die passenden Fachbegriffe zu. Begründe, ob es im Bauplan Unterschiede zum Regenwurm gibt.
(1) Körperhaut; (2) Ringmuskeln; (3) Längsmuskeln; (4) Borsten; (5) Rückengefäß; (6) Ausscheidungsorgane; (7) Darm; (8) Bauchgefäß; (9) Bauchmark. Wesentliche Unterschiede zum Regenwurm sind nicht festzustellen.

b) Hinsichtlich des inneren Aufbaus könnte man Regenwurm und Mistwurm auch als »Hundertlinge« bezeichnen. Begründe diese Aussage.
Die Bezeichnung bezieht sich auf die Segmentierung mit weitgehend gleich aufgebauten Körperabschnitten.

c) Erkläre, aus welchem Grund Gartenbesitzer und Landwirte das zahlreiche Vorkommen von Regen- und Mistwürmern im Boden schätzen.
Regenwürmer (Lumbricus terrestris) und Mistwürmer (Eisenia foetida) verbessern durch ihre Grabtätigkeit sowie ihre Ausscheidungen die Bodenqualität erheblich.

A3 Tausendfüßer
Tausendfüßer bilden eine eigenständige Untergruppe der Gliederfüßer. Nenne sichtbare Unterschiede zu den Ringelwürmern.
Tausendfüßer haben einen deutlich abgesetzten Kopf mit Fühlern, einen Chitinpanzer sowie Laufbeine an jedem Segment.

Seite 233

A4 Asseln
a) Beschreibe den äußeren Bau einer Kellerassel. Begründe, warum es sich um ein Krebstier handelt.
Asseln haben einen abgeflachten, segmentierten Körper mit sieben ebenfalls segmentierten Laufbeinpaaren. Der segmentierte Körper und die Anzahl an Beinpaaren größer als sechs zeigen, dass es sich um ein Krebstier handelt.

b) Ordne den Ziffern in den Abbildungen die richtigen Beschriftungen zu.
1 – Fühler, 2 – Kiefer, 3 – Bauchplatte unter Brutraum, 4 – Laufbein, 5 – hinteres Bein mit Kiemen

c) Nenne Angepasstheiten von Asseln an das Landleben.
Landasseln haben Kiemen, die noch aus der feuchten Luft Sauerstoff filtern können und können auch ein wenig Sauerstoff direkt aus der Luft aufnehmen. Die Weibchen haben einen flüssigkeitsgefüllten Brutraum, in dem sich die Larven entwickeln können. Die Jungtiere müssen so nicht im Wasser abgelegt werden.

A5 Entwicklung bei Fliegen
a) Beschreibe die Entwicklung bei Stubenfliegen.
Aus den Eiern der Stubenfliege (1) schlüpfen beinlose Maden (2), die sich nach einigen Häutungen verpuppen (Tönnchenpuppen) (3). Aus der Puppenhülle schlüpfen geschlechtsreife Fliegen.

b) Begründe, um welche Art der Entwicklung es sich handelt.
Es liegt eine Entwicklung mit vollständiger Metamorphose vor. Diese führt über Larven (Maden) und eine Tönnchenpuppe zur Imago.

c) Nenne eine weitere Insektenordnung, bei der eine ähnliche Larvenform vorkommt.
Auch bei Hautflüglern (z.B. Bienen) kommen Maden als Larven vor.

A6 Rätselhafte Strukturen?
a) Benenne die Öffnungen und erläutere ihre Aufgaben. Gehe dabei auch auf die inneren Organe ein, mit denen die Öffnungen verbunden sind.
Abgebildet ist eine Atemöffnung, ein Stigma. Durch diese Poren im Chitinpanzer erfolgt der Gasaustausch. Die Atemluft zirkuliert im Körper durch ein Röhrensystem, die Tracheen. Durch Muskeln kann der Querschnitt der Tracheen bei größeren Insekten verändert werden. Auf diese Weise wird der Austausch der Atemluft durch Einsaugen sauerstoffreicher Luft und Auspressen kohlenstoffdioxidreicher Luft unterstützt.

b) Am Rande der Öffnungen sitzen verzweigte Strukturen aus Chitin. Überlege, welche Aufgaben diese Strukturen haben könnten.
Die abgebildeten Strukturen, es handelt sich um eine Art Haare, verhindern das Eindringen von Staub in die Atmungsorgane.

A7 Wirbellose Tiere
Ordne die abgebildeten Tiere den passenden Stämmen und Klassen des Tierreichs zu. Nenne für die Ziffern (4), (6) und (8) auch die jeweiligen Ordnungen. Begründe deine Entscheidung.
(1) Weichtiere, Schnecken (Gehäuseschnecke); (2) Gliederfüßer, Spinnentiere, Webspinne (8 Laufbeine); (3) Nesseltier, Polyp; (4) Gliederfüßer, Insekt, Hautflügler (6 Laufbeine, 4 Flügel, Bänderung des Hinterleibs kennzeichnend für Hautflügler); (5) wie 4, Käfer (Deckflügel als Kennzeichen der Käfer); (6) Ringelwurm (durchgehende Segmentierung, Clitellum); (7) Nesseltier, Qualle; (8) Gliederfüßer, Insekt, Hautflügler (ungeflügelte Ameise); (9) Gliederfüßer, Spinnentiere, Skorpione (Vorderbeine mit Scheren, verlängerter Hinterleib mit Giftstachel); (10) Gliederfüßer, Krebstiere (Zehnfußkrebs: 10 Laufbeine am Kopfbrustabschnitt, davon das erste Paar mit Scheren, 1 langes Fühlerpaar).

Blütenpflanzen – Bau und Funktion

Unterschiedliche Lebensräume

Die abgebildeten Lebensräume unterscheiden sich in den jeweiligen Umweltbedingungen. Neben einem Laubwald aus den gemäßigten Breiten sind zwei extreme Lebensräume dargestellt: trocken-heiße Sandwüste und arktische Eiswüste.

Die extreme Trockenheit der Sandwüste wird durch hohe Temperaturen, geringe Niederschläge und zugleich hohe Wasserverdunstung bewirkt. Heiße, trockene Winde verursachen zeitweise Sandstürme, die das Leben zusätzlich erschweren. Wenn es regnet, dann in Form eines kurzen Platzregens. Die hier fallende große Wassermenge kann der Boden nur zum Teil aufnehmen. Der größte Teil des Regenwassers fließt an der Oberfläche ab, verdunstet und versickert. Die Arktis ist durch dauerhaft niedrige Temperaturen unter dem Gefrierpunkt, eisige Winde und wenig Niederschlag ebenfalls lebensfeindlich. Hier wachsen einige sehr anspruchslose Pflanzen wie Moose und Flechten.

Für das Pflanzenwachstum sind die Faktoren Temperatur, Wasser, Sonnenlicht und Boden notwendig. In einer gemäßigten Klimazone bewirken diese Faktoren gemeinsam ein sehr günstiges Pflanzenwachstum. Der Winter als lebensungünstige Jahreszeit wird durch den Laubfall überdauert.

Neben den abgebildeten Lebensräumen gibt es noch weitere wie zum Beispiel die Trockensteppe oder den tropischen Regenwald. Auch hier bewirken die jeweiligen Umweltbedingungen ein entsprechendes Pflanzenwachstum.

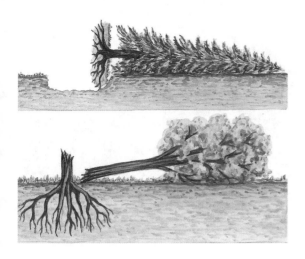

Sturmschäden

In Bild 2 ist der Stamm des Baumes gebrochen und gesplittert, in Bild 1 wurde der Baum mitsamt seiner Wurzelscheibe aus dem Boden gerissen (entwurzelt).

In Bild 2 ist ein Tiefwurzler zu sehen. Die Wurzeln dieses Baumes sind sehr tief im Erdreich verankert und gewähren dadurch eine hohe Stabilität. Bei zu starkem Wind kann daher nicht das tief liegende Wurzelwerk aus dem Boden gerissen werden. Vielmehr gibt der Stamm den auftretenden Kräften nach und bricht.

Im Gegensatz dazu ist in Bild 1 ein Flachwurzler zu sehen. Das Wurzelwerk dieses Baumes hat sich nur wenig tief, dafür jedoch weiter um den Baumstamm ausgebreitet. Bei starkem Wind zeigt sich der Unterschied zum tief im Boden verankerten Tiefwurzler: die nur geringe auf der Wurzel aufliegende Bodenmasse wird beim Kippen des Baumes mit der Wurzel herausgehoben.

Wasserversorgung

In diesem Versuchsansatz werden vier Reagenzgläser zu gleichen Mengen mit Wasser gefüllt und der Füllstand markiert. Außerdem werden drei Hainbuchenzweige von ungefähr gleicher Länge und Blattzahl gesammelt. Der erste Zweig bleibt unverändert. Vom zweiten Zweig werden alle Blätter entfernt, vom dritten Zweig rund die Hälfte der Blätter. Die Zweige werden einzeln in die Reagenzgläser gestellt. Ein Reagenzglas bleibt ohne Zweig. Der Wasserstand sinkt umso schneller, je mehr Blätter sich an dem jeweiligen Zweig befinden, womit das erste Reagenzglas den niedrigsten Wasserstand nach drei Tagen haben wird. Über die Spaltöffnungen der Blätter der Zweige wird Wasser verdunstet. Durch die Verdunstung des Wassers über die Blattoberfläche wird ein Sog in den Leitgefäßen erzeugt, der Wasser aus den Reagenzgläsern über die Sprossachse nach oben zu den Blättern transportiert (Transpirationssog). Je größer die Blattoberfläche dabei ist, desto größer ist auch die verdunstete Menge an Wasser. In dem Reagenzglas mit dem Zweig ohne Blätter ändert sich der Wasserstand kaum oder gar nicht, ebenso wie in dem leeren Reagenzglas. Geringe Mengen an Wasser können in die Luft verdunsten und auch der kahle Zweig verdunstet gar nicht oder nur minimal Wasser.

Eine Zwiebel verändert sich

Nach wenigen Tagen wachsen gelbliche Wurzeln aus der Zwiebel in das Wasser. Einige Tage später drängen sich oben an der Zwiebel zwischen den trockenen, braunen Zwiebelschuppen grüne Blattspitzen hervor.

Abwandlungsmöglichkeiten:
- Glas mit Zwiebel und Wasser ins Dunkle stellen
- Zwiebel in einem breiten Glas ganz unter Wasser drücken
- Zwiebel vor dem Versuch einige Minuten in einem Topf mit kochendem Wasser erhitzen

[Bezug auf Lehrbuch Seite 254–255]

Treibhäuser

In einem Treibhaus können die Wachstumsfaktoren Wärme und Feuchtigkeit auf gewünschte Parameter eingestellt werden und so die Kultivierung verschiedenster Pflanzen ermöglichen.

In Treibhäusern werden zum Beispiel
- Paprika
- Rettich
- ...
- Tomaten
- Spinat
- Salat
- Gurken

gezogen. In modernen Gewächshäusern kann Gemüse, Obst und sogar tropische Früchte auch in gemäßigteren Breiten ganzjährig geerntet werden.

Die Ragwurzblüte

Die Blüte der Hummel-Ragwurz ähnelt im Aussehen und Geruch einer weiblichen Hummel. Die Hummelmännchen versuchen, diese »Weibchen« zu begatten. Da die Hummelmännchen auch nicht mit Nektar belohnt werden, werden sie letztlich von der Pflanze getäuscht. Deshalb nennt man die Hummel-Ragwurz auch eine Täuschblume. Beim Blütenbesuch kleben Pollenpakete der Blüte am Körper der Hummel fest und werden zur nächsten Ragwurzblüte gebracht. Dort wird die Bestäubung durchgeführt. Hummel und Hummel-Ragwurz sind in vielen Merkmalen ihres Baus aneinander angepasst. Diese wechselseitige Beeinflussung in der Entwicklung bezeichnet man als Koevolution. Langhornbienen sind Wildbienen, deren Männchen auffallend lange Fühler aufweisen. Meist besuchen sie Schmetterlingsblütler wie Zaunwicke, Wiesenplatterbse oder Wundklee. Sie sorgen aber auch für die Bestäubung der Hummel-Ragwurz, einer Orchideenart. [Bezug auf Lehrbuch Seite 246–247]

Lebende Steine?

Als »Lebende Steine« werden bestimmte Pflanzen aus den Wüstengebieten des südlichen Afrikas bezeichnet. Die Pflanze besteht nur aus zwei Blättern, die in Trockenzeiten dicht aneinander liegen und so einen engelförmigen Pflanzenkörper bilden, der an einen Stein erinnert. Dass es sich um eine Pflanze handelt, erkennt man im Herbst, wenn aus der Spalte zwischen den Blättern die ungewöhnlich großen, seidig glänzenden Blüten hervorbrechen.

1 Aufbau von Blütenpflanzen

Seite 237

1 Recherchiere und erstelle einen Steckbrief der hier abgebildeten Hahnenfußarten. Vermerke darauf ihren Namen, Größe, Vorkommen und Aussehen der einzelnen Pflanzenorgane.

Name	Vorkommen	Aussehen		
Acker-Hahnenfuß	Wälder, Wiesen	Blüte hellgelb	stark zerteiltes, 3-teiliges Blatt; bis zu 60 cm langer Stängel	aufrecht wachsend
kriechender Hahnenfuß	Äcker, Wiesen, Ufer, Wälder	Blüte gelb	3-teiliges Blatt, mittlerer Teil häufig auch noch 3-teilig; bis zu 40 cm langer Stängel	kriechend mit wurzelnden Ausläufern
Wasser-Hahnenfuß	stehende oder langsam fließende Gewässer	Blüte weiß	rundliche Schwimmblätter und pinselartige Wasserblätter; bis zu 20 cm langer Stängel	kriechend (im Wasser)

2 Stelle eine begründete Vermutung an, inwiefern die unterschiedlich geformten Blätter des Wasser-Hahnenfußes eine Angepasstheit an den Lebensraum der Pflanze darstellen.

Die pinselartigen Blätter, die unter Wasser wachsen, bieten der Strömung wenig Widerstand. Damit sind sie gut an das Leben im Wasser angepasst. Die über der Wasseroberfläche wachsenden Blätter sind groß ausgebreitet. Sie müssen sich keiner Wasserströmung anpassen. Damit können sie uneingeschränkt ihre Hauptaufgabe, die Fotosynthese, durchzuführen.

3 Erstelle beschriftete Skizzen der Wuchsform eines Krautes, eines Strauches und eines Baumes.
Skizzen zur Wuchsform:

Seite 238

1 Erkundige dich in einer Gärtnerei nach den Umweltbedingungen, die in Treibhäusern herrschen. Erkläre diese Bedingungen.

Treibhäuser sind Gewächshäuser für Pflanzenkulturen mit einer dauerhaften Temperatur über 18 °C. Bei starker Sonneneinstrahlung kann die Temperatur auch über 30 °C ansteigen und muss dann durch Lüftung und Verdunkelung gesenkt werden, um eine Schädigung der Pflanzen zu vermeiden.
Weiterhin besitzen Treibhäuser eine Klimaregelung und eine automatische Bewässerungsanlage.
Die ausreichende Belichtung erfolgt über Glas- oder Kunststoffscheiben, dazu sind Belichtungsanlagen zur künstlichen Beleuchtung der Kulturen eingebaut.
Über CO_2-Düngungsanlagen wird eine erhöhte Kohlenstoffdioxidkonzentration in der Treibhaus-Luft erreicht.
Alle diese Umweltbedingungen und Einrichtungen steigern den Stoffwechsel der angebauten Pflanzen und bewirken dadurch ein gesteigertes Pflanzenwachstum.

Seite 239

1 Fasse den Stofftransport innerhalb der unterschiedlichen Teile der Leitbündel zusammen.

Gefäße transportieren Wasser und Mineralstoffe von der Wurzel bis in die Blätter; Siebröhren transportieren Wasser und bei der Fotosynthese gebildete Kohlenhydrate von den Blättern an Orte des Verbrauchs oder der Speicherung.

2 In den Gefäßen der Sprossachse findet man schrauben- und ringartige Auflagerungen. Erläutere deren Aufgabe.

Durch die Wasserverdunstung an der Blattoberfläche entsteht in den Gefäßen der Sprossachse ein Unterdruck. Wie ein dünnwandiger Gummischlauch, der beim Saugen zusammenfällt, würden bei starker Transpiration die Leitungsröhren in der Sprossachse kollabieren. Das wird durch die Wandversteifungen verhindert.

Seite 240

1 Wurzelhaare bewirken eine Oberflächenvergrößerung. Nenne weitere Beispiele aus der Natur, in denen das Prinzip der Oberflächenvergrößerung zur verbesserten Aufnahme von Stoffen genutzt wird.

Bei der Lunge dient Oberflächenvergrößerung durch Lungenbläschen dem besseren Austausch von Atemgasen; im Dünndarm verhilft die Oberflächenvergrößerung durch die große Länge, durch Darmfalten und Darmzotten zu einer besseren Aufnahme von Nährstoffen.

2 Vergleiche den Bau einer Wurzel und eines Stängels. Nenne Gemeinsamkeiten und Unterschiede.

Wurzel und Stängel besitzen beide Leitgewebe und Grundgewebe. Im Gegensatz zur Wurzel, bei der die Leitgewebe zentral angelegt sind, besitzt ein Stängel zu Leitbündeln zusammengefasste Leitgewebe. Diese Leitbündel umgeben ein zentrales Markgewebe, das der Wurzel fehlt. Die Wurzel besitzt außerdem kein Abschlussgewebe, dafür aber zahlreiche Wurzelhaare, die dem Stängel fehlen.

3 »Der Stängel muss besonders biegfest, die Wurzel zugfest sein.« Erläutere, inwiefern diese Anforderungen durch den Bau von Stängel und Wurzel erfüllt werden.

Zentrale Stabilisierungselemente wie die Gefäße des Zentralzylinders verstärken die Zugfestigkeit einer Struktur, eher am Rand angeordnete wie die Leitbündel die Biegefestigkeit.

Seite 241

A1 Die Ernährung der Pflanzen
a) Beurteile VAN HELMONTS Erklärung.

Vermutlich hatte VAN HELMONT mit seiner Erklärung Recht. Schließlich war Wasser das einzige, was er der Pflanze in größeren Mengen zur Verfügung gestellt hatte. Allerdings hätte VAN HELMONT auch die Wassermenge aufschreiben sollen. Dann hätte er genau sagen können, wie viel Wasser die Pflanze zu Pflanzenmasse umgewandelt hatte.
Es könnte aber auch sein, dass VAN HELMONT Unrecht hatte und es wird nicht Wasser zu Pflanzenmasse umgebaut, sondern die Pflanze stellt mit Hilfe von Licht neue Pflanzenorgane her.

b) Formuliere selbst eine Hypothese über die Ursachen der Massenzunahme der Weidenpflanze.

Die Pflanze nimmt über die Spaltöffnungen Kohlenstoffdioxid auf. Daraus baut sie mit dem über die Blattadern zur Verfügung gestellten Wasser Kohlenhydrate auf. Dies geschieht in den grünen Chloroplasten der Blätter mit Hilfe von Sonnenlicht. Man nennt diesen Vorgang Fotosynthese. Als Nebenprodukt der Fotosynthese entsteht Sauerstoff, der über die Spaltöffnungen in die Luft abgegeben wird.

c) Entwickle einen geeigneten Versuch, um die Hypothese zu überprüfen.

Zwei kleine Pflänzchen und der Boden, in dem sie wachsen, werden jeweils vor Versuchsbeginn gewogen. Anschließend wird eine der Pflanzen im Licht, die andere im Dunkeln gehalten. Nach einigen Tagen kann man feststellen, dass die Pflanze im Dunkeln keine neuen grünen Blätter produziert und insgesamt auch nicht schwerer wird, obwohl sie genug Wasser bekommt. Die Vergleichspflanze am Licht entwickelt sich normal weiter und nimmt weiter an Masse zu.

A2 Gesamtstärkeproduktion eines Baumes
a) Berechne die Gesamtstärkeproduktion einer solchen Rotbuche im Sommer an einem Tag, in einer Woche und in einem Monat
Tag: 14 kg.
Woche: 98 kg.
Monat: 420 kg (30 Tage), 434 kg (31 Tage)

b) Erläutere, wofür die Pflanze die großen Mengen an aufgebauter Stärke verwendet.
Die Pflanze benötigt einen Teil der Stärke als Nährstoff, um ihren Stoffwechsel aufrecht zu erhalten.
Ein anderer Teil wird zu Baustoffen umgebaut, die für die Neuproduktion von Blättern, Wurzeln und Ästen benötigt werden.
Ein weiterer Teil kann als Reservestoff gespeichert werden.

A3 Versetzen von Bäumen
Erkläre die Aussage und die Vorgehensweise des Gärtners.
Durch das Aus-/Umpflanzen hat der Baum Wurzeln und dabei besonders viele der kleinen Wurzelhaare verloren. Bei gleich bleibender Blattmenge verdunstet der Baum weiterhin eine große Menge Wasser, die durch die nun fehlenden Wurzelhaare nicht mehr aus dem Boden ergänzt werden kann. Da die Pflanze mehr Wasser abgibt als sie aufnimmt, vertrocknet sie schließlich. Die Entfernung der Blätter führt dazu, dass die Pflanze weniger Wasser abgibt.

Seite 242

1 Erläutere, warum man eine Blüte als Organsystem bezeichnen kann.
Die Blüte besteht aus unterschiedlichen Einzelorganen, die alle eine wichtige Lebensfunktion, nämlich die Fortpflanzung, gewährleisten.
Dabei hat jeder Blütenteil eine eigene Funktion. Die Kronblätter dienen dem Anlocken von Insekten, die Staubblätter geben männliche Geschlechtszellen ab und im Fruchtknoten befinden sich die weiblichen Geschlechtszellen.

Seite 243

V1 Präparation einer Kirschblüte
a) Vergleiche jeweils die Anzahl, Farbe und Stellung der verschiedenen Teile der Blüte miteinander.
Die Blüte besitzt fünf grüne Kelchblätter, die kreisförmig um den Blütenstiel und das darüber liegende grüne Fruchtblatt angeordnet sind.
Fünf weiße Kronblätter stehen auf Lücke zu den Kelchblättern. In der Mitte der Blüte, zwischen den einzelnen Kelchblättern und über dem Fruchtknoten, entspringt eine große Zahl von hellgrünen Staubblättern, an deren Ende sich je ein gelber Staubbeutel befindet.

b) Nimm ein Staubblatt und schneide es in Höhe des Staubbeutels mit dem Skalpell quer. Betrachte den Querschnitt mit der Lupe und fertige davon eine beschriftete Zeichnung an.

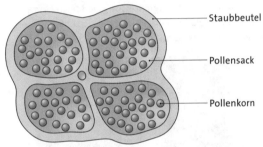

c) Nimm etwas Blütenstaub auf einen Finger und versuche ihn wegzublasen. Beschreibe die Beobachtung und erläutere sie.
Der Blütenstaub bleibt an den Fingern kleben.
Durch die klebrige Oberfläche bleibt der Pollen besser am Körper der Insekten hängen, die ihn zur nächsten Blüte weiter tragen.

d) Schneide nun den Fruchtknoten längs und betrachte ihn mit der Lupe. Fertige anschließend eine beschriftete Zeichnung davon an.

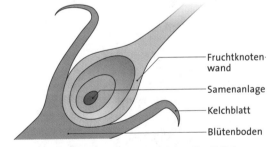

e) In den USA starb im Jahr 2007 ein großer Teil der Bienen durch eine Krankheit. Stelle eine begründete Vermutung an, welche Konsequenzen ein derartiges Bienensterben für die Kirschbäume hat.
Vermutlich: Es wird in dem folgenden Jahr zu einer stark reduzierten Zahl von Kirschfrüchten kommen,

da Kirschblüten durch Bienen befruchtet werden. Ohne Befruchtung der Blüten können sich auch keine Kirschfrüchte entwickeln.

f) Recherchiere, was man unter »gefüllten Blüten« versteht

In gefüllten Blüten ist die Zahl der Kronblätter erhöht. Dagegen fehlen die Staubblätter. Hier sind Staubblätter in Kronblätter umgewandelt.

V2 Legebild einer Kirschblüte

a) Zeichne auf den Zeichenkarton mit einem Zirkel entsprechend der Abbildung vier unterschiedlich große, ineinander liegende Kreise.

b) Zupfe nun alle Blütenteile mit der Pinzette von außen nach innen ab und lege sie geordnet entsprechend ihrer Stellung in der Blüte auf die einzelnen Kreisringe. Beginne mit den Kelchblättern und lege diese auf den äußersten Kreisring. Jeder Kreisring dient dabei als Legehilfe. Klebe die einzelnen Blütenteile anschließend mit durchsichtiger Klebefolie fest.

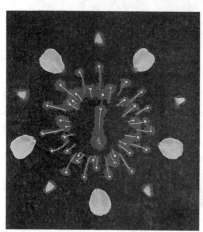

A3 Blütendiagramm

a) Ziehe auf einem Blatt Papier erneut wie oben beschrieben vier unterschiedlich große, ineinander liegende Kreise.

b) Zeichne nun alle Blütenteile von innen nach außen mit Hilfe der Symbole aus der Abbildung auf den unterschiedlichen Kreisen ein.

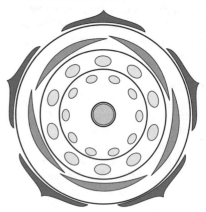

2 Fortpflanzung und Entwicklung von Blütenpflanzen

Seite 245

1 Definiere die Begriffe Bestäubung und Befruchtung.

Bei der Bestäubung werden die in den Staubbeuteln gebildeten Pollenkörner auf die Narbe der gleichen Pflanzenart übertragen. Das kann unter Beteiligung von Insekten geschehen. Dann spricht man von Insektenbestäubung.

Bei der Befruchtung verschmelzen die Eizelle und die männliche Geschlechtszelle, die aus dem Pollenkorn gebildet wird. Dabei vereinigen sich die Zellkerne der Eizelle und der männlichen Geschlechtszelle. Die beiden Geschlechtszellen verschmelzen zu einer befruchteten Eizelle, die der Beginn eines neuen Lebewesens ist.

2 Beschreibe anhand der Abbildungen, wie sich aus der Kirschblüte eine Frucht entwickelt.

Nachdem die Kronblätter sich geöffnet haben, reifen die Staubbeutel heran und platzen auf. Pollenkörner werden frei. Bleiben sie im Pelz von Insekten hängen und fliegen diese von einer Kirschblüte zur nächsten, können sie an einer klebrigen, reifen Narbe haften bleiben. Die Blüte ist bestäubt. Dann wächst ein Pollenkorn zu einem Pollenschlauch aus. Dieser wird immer länger und wächst durch den Griffel. Aus dem Zellkern und dem Plasma des Pollenkorns entsteht dabei die männliche Geschlechtszelle. Sie wandert durch den Pollenschlauch in Richtung Eizelle. Der Kern der männlichen Geschlechtszelle verschmilzt mit dem Kern der Eizelle. Nun ist die Befruchtung vollzogen. Die Blütenblätter und die Staubblätter fallen ab. Der Fruchtknoten wächst zu einer Frucht heran, indem das Fruchtknotengewebe dicker wird und eine fleischige Wand bildet. Im Inneren des Fruchtknotens entwickelt sich aus der Samenanlage ein Samen.

3 Recherchiere weitere Steinfrüchte, die bei der Ernährung des Menschen eine Rolle spielen.

Pflaumen, Mirabellen, Pfirsiche, Aprikosen.

Seite 247

1 Erläutere, wie die Fremdbestäubung bei der Schlüsselblume gesichert wird.

Die Schlüsselblume kommt in zwei Blütentypen vor. Ein Blütentyp besitzt lange Griffel und kurze Staubgefäße, der andere Blütentyp besitzt kurze Griffel, aber lange Staubgefäße. An einer Blütenröhre, aus der die Staubgefäße herausragen, bleiben Pollenkörner am Kopf des Schmetterlings hängen. Dieser Blütentyp hat keine Einrichtung zur Aufnahme der Pollen, da hier die Narben in der Tiefe sitzen. Schmetterlingsköpfe sind zu dick für die Röhre. Der andere Blütentyp besitzt Narben, die aus der engen Blütenröhre herausragen. Fliegt ein Schmetterling diesen Blütentyp an, bleiben einige Pollenkörner an der Narbe hängen. Die unterschiedliche Struktur der beiden Blütentypen sichert die Fremdbestäubung.

2 Vergleiche den Pollen von Pflanzen mit Wind- und Insektenbestäubung.

Pollenkörner windblütiger Pflanzen sind besonders klein und leicht. So werden sie eher durch den Wind transportiert. Sie treten in Massen auf. So wird die Wahrscheinlichkeit erhöht, dass Pollenkörner auf eine Narbe der gleichen Pflanzenart treffen.
[Pollenkörner insektenblütiger Pflanzen haben Noppen, Warzen und Härchen an ihrer Oberfläche. So bleiben sie leichter im Insektenpelz hängen. Sie sind leicht klebrig.]

Seite 248

1 Untersuche an selbst gesammelten Früchten die Beschaffenheit von Fruchtwand und Samen.

Frucht	Fruchtwand	Samen
Buchecker	trocken, öffnet sich bei der Verbreitung	drei nussartige Samen
Eberesche	fleischig	mehrere kleine Samen, frei im Fruchtfleisch liegend
Pfaffenhütchen	rote Fruchtwand, öffnet sich	drei Samen von orangefarbenem, giftigen Fleisch umgeben
Birne	faserig Das fleischige Gewebe entstammt dem Blütenboden.	Samen liegen als Kerne im Kerngehäuse. Dieses entspricht der Fruchtwand.
Schwarzdorn/ Schlehe	fleischiges, bitteres Fruchtfleisch	ein einziger harter, großer Samen

2 Erkläre, warum man den Apfel, die Stachelbeere und auch die Haselnuss als Schließfrüchte bezeichnet.

Apfel, Stachelbeere und Haselnuss fallen auf die Erde, ohne dass sich die Fruchtwand öffnet. Die Fruchtwand umschließt die Samen bei der Verbreitung. Dabei ist es egal, ob die Fruchtwand hart ist wie bei der Hasel oder saftig und weich wie bei der Stachelbeere.

Seite 249

1 Nenne für Kürbis, Aprikose, Weintraube, Birne, Himbeere, Bohne und Buche jeweils die Fruchtform.

Frucht	Fruchtform
Kürbis	Beere
Aprikose	Steinfrucht
Weintraube	Beere
Birne	Scheinfrucht
Himbeere	Sammelsteinfrucht
Bohne	Hülse
Buche	Kapsel

2 Ordne die Früchte auf zwei verschiedene Arten. Wähle dazu jeweils einen anderen Gesichtspunkt.

1. Ordnen nach der Beschaffenheit der Fruchtwand	
Trockene Fruchtwand	Fleischige Fruchtwand
Haselnuss Nüsschen des Löwenzahns Hülse der Erbse Mohnkapsel	Schlehe Holunderbeere Kirsche Brombeere

2. Ordnen nach der Anzahl der Samen	
Ein Same	Mehrere Samen
Pflaume Haselnuss Kirsche	Kastanie Stachelbeere Gurke Erbse

3. Ordnen nach dem Öffnungsmechanismus	
Schließfrucht	Öffnungsfrucht
Haselnuss Stachelbeere Weintraube Brombeere Kirsche	Kastanie Mohn Erbse Buchecker

4. Ordnen nach Verwendung in der Küche	
essbar	nicht essbar
Haselnuss Stachelbeere Erbse Brombeere Gurke	Kastanie Eichel Pfaffenhütchen

Seite 250

1 Stelle Beurteilungs- und Bewertungskriterien für den Apfelkauf zusammen und erläutere, welches Kriterium dir persönlich am wichtigsten ist.

Beurteilungskriterien für den Apfelkauf sind: Farbe, Größe, Schalenbeschaffenheit, Duft, Geschmack, Beschaffenheit des Fruchtfleisches sowie der Preis. Demgegenüber können als Bewertungskriterien die Herkunft der Äpfel im Zusammenhang mit fairem Handel und der umweltgerechte Anbau genannt werden.
[Den Schülerinnen und Schülern werden die unterschiedlichsten Kriterien am wichtigsten sein. So kann im Unterrichtsgespräch der individuelle Maßstab im Hinblick auf Bewertung thematisiert werden.]

2 Beurteile und bewerte den Einsatz von Insektenvernichtungsmitteln in der Landwirtschaft.

[Eine Beurteilung des Einsatzes von Insektenvernichtungsmitteln auf der Grundlage normativer Maßstäbe muss berücksichtigen, inwieweit die Verwendung die landwirtschaftlichen Erträge steigert.
Ein Bewerten anhand moralischer Maßstäbe wird das Abtöten von Organismen und die möglichen Folgen auch für Nichtschadinsekten mit abwägen.]

Seite 251

1 Führe eine Internetrecherche zum Leben der Störchin Prinzesschen durch.

Nach Eingabe von »Prinzesschen« erscheinen auch völlig unbrauchbare Seiten, wie zum Beispiel über Musiktitel. Eine Präzisierung in Form von »Prinzesschen +Störchin +Leben« reduziert die ungeeigneten Seiten. Unter dem Titel: »*Prinzesschen* - eine Legende« findet man beispielsweise detaillierte Angaben zum Lebenslauf.

Seite 253

1 Sammle am Rand des Schulhofes verschiedene Früchte, bestimme und zeichne sie. Erläutere, wie sie jeweils verbreitet werden und welche Angepasstheiten sie an die Verbreitungsart aufweisen.
Beispiele:

Name	Zeichnung	Verbreitungsart
Esche		Flugfrucht: Gleitflieger
Sommerlinde		Flugfrucht: Schraubenflieger
Große Klette		Klettfrucht: als blinder Passagier
Holunderbeere		Lockfrucht: wird von Vögeln gefressen und wieder ausgeschieden

2 Manche Früchte werden zum Beispiel auf der Wasseroberfläche treibend verbreitet. Stelle Vermutungen an, welche Angepasstheiten diese Früchte aufweisen müssen.

Die Frucht müsste Schwimmkörper enthalten. Es könnten Luftkammern im Fruchtgewebe eingebaut sein. So bleibt die Frucht auf der Wasseroberfläche. Sie darf kein großes Gewicht haben. Ihre Oberfläche müsste wasserabstoßend sein, zumindest darf sich das Material, aus dem sie besteht, nicht mit Wasser vollsaugen. Sie könnte die Form einer flachen Schale haben, damit sie auf dem Wasser treibt.
[Beispiele hierfür sind die Kokosnüsse, die über weite Wasserwege treiben, sowie die Früchte der Sumpfdotterblume, die wie ein Nussschalenboot geformt sind und auf dem Wasser schwimmen. In ihnen liegen die Samen. Die Samen der Schwertlilie sind mit lufthaltigem Gewebe ausgekleidet. Seerosensamen sind von einem blasig schleimigen Mantel umgeben.]

Seite 255

1 Beschreibe und erläutere den Vorgang der Quellung und Keimung am Beispiel der Feuerbohne.

In Wasser verändert sich ein Samen. Er nimmt Wasser auf und wird größer. Eine beginnende Keimung erkennt man daran, dass die Keimwurzel aus der Samenschale hervorkommt. Die zarte Spitze der Keimwurzel wächst in den Boden und bildet dort Seitenwurzeln aus. An diesen wachsen kleine Wurzelhärchen, die wie ein dichter Flaum um die Seitenwurzeln liegen. Nun wird der Keimstängel sichtbar. Er ist gekrümmt und trägt zwei

Keimblätter. Er schiebt sich nach oben und durchbricht die Erdoberfläche. Über der Erde ergrünen die ersten Laubblätter und der Keimstängel.

2 Manchmal wird behauptet, dass Weizenkörner aus Pharaonengräbern, also nach rund 3500 Jahren, noch keimfähig sind. Recherchiere, ob dieser »Mumienweizen« tatsächlich noch keimfähig ist.

Es stimmt nicht, dass Weizenkörner, die in den Gräbern der ägyptischen Kaiser gefunden wurden, noch keimfähig sind. Nach Öffnung der Gräber wurden Weizenkörner genommen, in Keimschalen gelegt und mit Wasser begossen. Dann wurde behauptet, sie würden keimen. Man hat die Öffentlichkeit getäuscht, indem man einfach andere Keimlinge in die Keimschalen gesetzt hat. Keimfähigkeit war nicht möglich, da die Weizensamen viel zu trocken lagen.

Seite 256

1 Vergleiche Hund und Katze. Halte die Ergebnisse in einer Tabelle fest.

Gesichtspunkt	Hund	Katze
Größe	größer als Katze	kleiner als Hund
wichtige Sinnesorgane	Nase, Ohr	Nase, Auge, Schnurrhaare
Nahrung	Fleischfresser	Fleischfresser
Gebiss	Raubtiergebiss	Raubtiergebiss
Jagdverhalten	Hetzjäger	Schleichjäger
Tagesaktivität	tagaktiv	nachtaktiv
Jungen	Nesthocker	Nesthocker
Form des Zusammenlebens	Rudel	Einzelgänger

2 Vergleiche Spitzahorn und Bergahorn. Erkundige dich in einer Staudengärtnerei und erstelle einen kurzen Vortrag zu diesem Thema.

Beide Ahornarten gehören zu derselben Pflanzenfamilie, den Ahorngewächsen, lat. Aceraceae. Sie gehören auch derselben Gattung an:
Spitzahorn: *Acer platanoides*
Bergahorn: *Acer pseudoplatanus*
Der Bergahorn kann mit über 30 m Wuchshöhe höher werden als der Spitzahorn. Er kann 500 Jahre alt werden, während der Spitzahorn höchstens 200 Jahre alt wird. Ihre Blätter haben sehr ähnliche Formen, daher werden die beiden Baumarten auch leicht verwechselt. Die Blätter des Spitzahorns sind etwas größer als die des Bergahorns. Man erkennt sie an den sehr spitz auslaufenden Blattlappen. Die Lappen der stärker gezähnten Blätter des Bergahorns sind weniger spitz auslaufend.
Der Spitzahorn blüht früher als der Bergahorn (Spitzahorn: April/Mai; Bergahorn: Mai/Juni).

Beide Baumarten tragen die charakteristischen Spaltfrüchte. Diese Flugfrüchte werden durch Wind verbreitet. Die Flugblätter des Bergahorns stehen enger zusammen als die des Spitzahorns.
Beide Ahornarten sind beliebte Garten- und Parkbäume.
[Es bietet sich an, gepresste Blätter vorzuführen.]

Seite 257

V1 Versuche mit Erbsensamen
Beschreibe das Ergebnis und erkläre den Vorgang.
Die Erbsen nehmen beträchtlich an Volumen zu. Sie nehmen nach einem Tag ein Volumen von 50 Millilitern in dem Messzylinder ein.
Das liegt daran, dass sie bei dem Vorgang der Quellung Wasser aufnehmen.
[Wasserzunahme bei der Quellung führt zu einer so starken Volumenzunahme, dass mit Hilfe von quellenden Samen kleinere Sprengungen vorgenommen werden können.]

A2 Wachstumsverlauf einer Feuerbohne
Beschreibe den Wachstumsverlauf der Feuerbohne anhand des Diagramms.
Das Diagramm zeigt den Wachstumsverlauf einer Feuerbohne vom Einpflanzen des Samens an. In den ersten drei Tagen findet kein Wachstum statt. Das liegt daran, dass zuerst die Quellung stattfindet und sich die Keimwurzel dann aus dem Samen schiebt. Erst wenn der Keimstängel aus der Erde ragt, findet ein messbares Längenwachstum statt. Bis zum 5. Tag ist der Keimling einen Zentimeter gewachsen. Dann nimmt er schnell an Länge zu, in zwei Tagen wächst er vier Zentimeter, anschließend verändert sich die Pflanze um weitere vier Zentimeter.
Während am Anfang kein Längenwachstum stattfindet, nimmt die Pflanze erst langsam, dann sehr schnell an Größe zu.

V3 Keimungsbedingungen
a) Notiere die Beobachtungen.

Beobachtungsprotokoll	
Versuch 1: Kontrolle	Versuch 2: ohne Erde
1. Tag: keine Veränderung	1. Tag: keine Veränderung
2. Tag: erste Keimwurzeln	2. Tag: erste Keimwurzeln
3. Tag: Keimstängel und erste Laubblätter sichtbar	3. Tag: vereinzelt erste Keimstängel und Laubblätter
4. Tag: Keimstängel streckt sich	4. Tag: erste Blätter entfalten sich
5. Tag: wie 4. Tag	5. Tag: Keimstängel gleiche Länge wie vorher
7. Tag: Kresse gekeimt und ergrünt, Stängel lang.	7. Tag: Kresse ist gekeimt und ergrünt, Stängel kurz.

Beobachtungsprotokoll	
Versuch 3: ohne Wasser	**Versuch 4: ohne Licht**
1. Tag: keine Veränderung	1. Tag: keine Veränderung
2. Tag: keine Veränderung	2. Tag: erste Keimwurzeln
3. Tag: keine Veränderung	3. Tag: Keimstängel sichtbar
4. Tag: keine Veränderung	4. Tag: erste Laubblätter erscheinen, sie sind gelblich-weiß
5. Tag: keine Veränderung	5. Tag: Laubblätter immer noch gelblich-weiß
7. Tag: Kresse ist nicht gekeimt.	7. Tag: Kresse ist gekeimt, die Keimblätter sind nicht ergrünt.

b) Leite aus den Ergebnissen günstige Keimungsbedingungen für die Kressesamen ab.
Kressesamen benötigen Wasser zum Keimen. Erde ist zum Keimen zwar nicht notwendig, die Kressepflanzen werden in Erde aber größer. Licht ist zum Keimen nicht notwendig. Allerdings ergrünen die jungen Pflänzchen ohne Licht nicht.

c) Entwickle eine Versuchsanordnung, um den Faktor Temperatur bei der Keimung zu überprüfen.
Versuchsfrage: Ist Wärme notwendig zur Keimung von Kressesamen?
Material: 2 Petrischalen, Erde, Thermometer, Kühlschrank
Durchführung: Man bereitet zwei Petrischalen mit Erde vor. Dann gibt man in jede etwa 20 Kressesamen. Die Kontrollschale wird bei Zimmertemperatur abgestellt. Die andere Petrischale stellt man in den Kühlschrank.
Ergebnis: Die Kressesamen keimen im Kühlschrank nicht, solange die Temperatur um 4 °C liegt.
Auswertung: Wärme ist für die Keimung von Kressesamen notwendig.

V4 Untersuchung eines Pflanzenembryos
a) Betrachte die beiden aufgeklappten Hälften mit Hilfe der Lupe und zeichne sie. Beschrifte die Zeichnung.

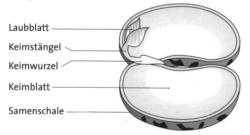

Laubblatt
Keimstängel
Keimwurzel
Keimblatt
Samenschale

b) Gib einen Tropfen Iod-Kaliumiodid-Lösung auf eine Bohnenhälfte. Erläutere deine Beobachtung.
Iod-Kaliumiodid ist ein Nachweis für Stärke.
Ist Stärke vorhanden, so färbt sich der Pflanzenkörper blau-schwarz. Das Keimblatt wird nach Auftragen von Iod-Kaliumiodid blau-schwarz. Es enthält Stärke. Diese bildet den Nährstoffspeicher.

Wissen vernetzt – Blütenpflanzen – Bau und Funktion

Seite 259

A1 Atmen Pflanzen?
a) Nenne den Stoff, der in beiden Experimenten den Niederschlag an der Tüte bildet.
Bei dem Niederschlag an der Tüte handelt es sich jeweils um Wasser.
b) Überlege dir, welches Ergebnis der Versuch zeigt, wenn an Stelle der Hibiskuspflanze ein Kaktus verwendet wird.
Kakteen sind an ihren trocken-heißen Lebensraum angepasst. Eine für diese Pflanzen besonders notwendige Angepasstheit ist die Einschränkung der Transpiration, um Wasserverluste zu vermeiden. Die Kunststofftüte wird also bei Verwendung eines Kaktus nicht von innen mit Wassertropfen beschlagen.
c) Manchmal wird ein Wald auch als »Lunge der Großstadt« bezeichnet. Entwickelt in der Gruppe ein Rollenspiel zu folgendem Sachverhalt:
Ein Wald am Stadtrand soll abgeholzt werden, um Platz für ein neues Einkaufszentrum zu schaffen. Sammelt Argumente und bewertet das Vorhaben.
[Die Unterrichtseinheit zu dieser Aufgabe kann didaktisch ganz unterschiedlich vorbereitet werden. Eine mögliche Form ist die Einteilung mehrerer kleinerer Gruppen, die im Vorfeld der Diskussion Argumente für beziehungsweise gegen die geplante Abholzung sammeln sollen. Eine imaginäre Interessengruppe einer lokalen Umweltschutzorganisation diskutiert mit Vertretern des Architekturbüros und den Investoren des geplanten Einkaufszentrums. Schließlich können auch Anwohner und Biologen Argumente für oder gegen die Abholzung vorbringen.]
d) Die meisten Pflanzen zeigen starke Verzweigungen der Sprossachse bis hinauf zu den einzelnen Blättern, die eine riesige Oberfläche bilden. Erläutere die Bedeutung der Oberfläche für den Stoffwechsel der Pflanze.
Je größer die Oberfläche der Blätter ist, umso größer ist auch die Fläche zur Aufnahme des Sonnenlichtes und des Kohlenstoffdioxids. Kohlenstoffdioxid und Licht sind wichtige Voraussetzungen für den Ablauf der Fotosynthese. Mit einer großen Oberfläche kann dieser Vorgang des Stoff- und Energiewechsels noch intensiver ablaufen. Die Pflanze kann besonders viele Stoffe bilden und somit schneller wachsen.

A2 Wasserhaushalt der Pflanze

a) Erläutere die Aufnahme und den Transport von Wasser und Nährsalzen durch die Pflanze.

Wasser und Nährsalze werden über die Wurzel in die Pflanze aufgenommen. In der Wurzel bilden die Wurzelhaare eine große Oberfläche, über die das Wasser effektiv aufgenommen werden kann. In der Wurzel gelangen Wasser und Nährsalze in die Gefäße. Diese Leitungsbahnen ziehen von der Wurzel bis in die einzelnen Blätter der Pflanze. Sie verzweigen sich in der Sprossachse in die Seitenäste und Blätter. Auf den Blattunterseiten befinden sich die Spaltöffnungen. Sind diese geöffnet, verdunstet Wasser an der Blattunterseite. Das verdunstete Wasser erzeugt einen Unterdruck, durch den Wasser nachgesaugt wird. Auf diese Weise entsteht ein Wasserstrom von der Wurzel bis in die Blätter. Werden die Spaltöffnungen bei großer Hitze geschlossen, kommt der Wasserstrom zum Erliegen.

b) Beschreibe und interpretiere die im Diagramm dargestellten Messergebnisse sowie die Veränderungen des Blattes im Tagesverlauf.

Im Diagramm ist die Wasserabgabe einer Pflanze im Tagesverlauf dargestellt. Die Menge des abgegebenen Wassers schwankt sehr stark. Sie steigt von sechs Uhr bis zur Mittagszeit stark an. Nach dem Mittag fällt die Wasserabgabe plötzlich ab. Erst nach 17 Uhr nimmt sie wieder zu.

An einem Sommertag steigt die Temperatur nach Sonnenaufgang schnell an. Damit wird auch die Verdunstung des Wassers aus den Spaltöffnungen größer. Gegen Mittag wird es sehr heiß. Die Pflanze hat bis dahin schon viel Wasser über die Blätter nach außen abgegeben. Die Spaltöffnungen schließen sich, da die Pflanze das verdunstete Wasser nicht so schnell durch Wasseraufnahme über die Wurzel ersetzen kann. Bei geschlossenen Spaltöffnungen kann die Pflanze nun kein Wasser mehr abgeben. Gegen Abend, wenn die Temperatur langsam wieder fällt, öffnen sich die Spaltöffnungen auch wieder. Die Pflanze gibt wieder Wasser ab.

Die veränderte Form des Blattes ist ebenfalls auf die Verdunstung von Wasser zurück zu führen. Enthält die Pflanze viel Wasser, so sind die Zellen prall mit Wasser gefüllt, das Blatt hat eine normale Form. Verliert das Blatt zur Mittagszeit viel Wasser, so fehlt dieses Wasser auch in den Zellen, das Blatt macht einen welken Eindruck.

c) Diskutiert in der Gruppe, wie die Wasserabgabe bei Pflanzen und Tieren gering gehalten werden kann. Wendet die biologischen Prinzipien Struktur und Funktion sowie Angepasstheit an.

Sowohl bei Pflanzen als auch bei Tieren erfüllen besondere Strukturen der äußeren Haut die Funktion des Verdunstungsschutzes.

Pflanzen können in Abhängigkeit von ihrem Wassergehalt die Spaltöffnungen schließen. Wird das Wasser im Inneren der Pflanze knapp, so sind die Spaltöffnungen geschlossen. Außerdem können undurchlässige Schichten auf der Blattoberseite die Verdunstung des Wassers einschränken.

Tiere besonders trockener Lebensräume sind durch spezielle Körperbedeckungen vor übermäßiger Wasserabgabe geschützt. Reptilien haben eine wasserundurchlässige Hornhaut. Wenn es zu heiß wird, können sie im Schatten Schutz suchen.

Da Wasser eine Grundvoraussetzung für alle Lebensprozesse bildet, ist der Verdunstungsschutz eine wichtige Angepasstheit von Landpflanzen und Landtieren an einen trockenen Lebensraum.

Vielfalt der Blütenpflanzen

Formen- und Farbenvielfalt bei Samenpflanzen
Alle Pflanzen außer der Sumpfdotterblume lassen sich anhand ihrer Blüten, die alle denselben Aufbau haben der Familie der Lippenblütler zuordnen. Die Sumpfdotterblume gehört in die Familie der Hahnenfußgewächse. Die Art lässt sich dann an Merkmalen wie Blütenfarbe und –größe und Form der Laubblätter bestimmen.

Was haben Rapspflanzen mit Tankstellen zu tun?
Schon früh wurden Rapspflanzen wegen ihres hohen Ölgehalts von Menschen genutzt. Aufgrund des bitteren Geschmacks des Rapsöls lag die Verwendung aber weniger im Gebrauch als Lebensmittel. Das Öl wurde als Brennmittel in Öllampen und später auch als Schmiermittel in Maschinen genutzt. Durch unterschiedliche Züchtungen wird Rapsöl heute auch als Lebensmittel genutzt. Die entsprechenden Sorten produzieren die Bitteren Inhaltsstoffe nicht mehr. Ein großer Teil des angebauten Rapses wird heute aber als nachwachsender Rohstoff für die Herstellung von Bio-Kraftstoffen genutzt. Man erhofft sich beim Nutzen nachwachsender Rohstoffe eine positivere CO_2-Bilanz, als beim Nutzen fossiler Brennstoffe. In der Klasse können zum Beispiel Stichpunkte gegenüberstellend diskutiert werden wie »nachhaltiger Umgang mit der Umwelt« und »soziale Verantwortung«

Orchideen

Es gibt weltweit je nach Literaturangabe 22 000 bis 25 000 Orchideenarten. Sie kommen in sehr vielen Lebensräumen vor. Man kennt epiphytisch lebende Arten, die als Aufsitzerpflanzen auf anderen Arten aufsiedeln. Sie erhalten Wasser und gelöste Nährsalze aus der Luft. Außerdem gibt es zahlreiche Bodenbewohner wie die heimischen Frauenschuh-Arten oder die Knabenkräuter.

Orchideen zeichnen sich durch vielfältige, unterschiedlich große und farbenfreudige Blüten aus. Sie sind besonders symmetrisch und wirken deshalb so anziehend auf den Menschen. Mittlerweile gibt es zahlreiche Zuchtformen (Hybriden), die sich gut als Zimmerpflanzen eignen. Unter allen Arten gibt es nur eine klassische Nutzpflanze, die Vanille. Man nutzt ihr Mark aus der Vanillekapsel als Aromastoff für zahlreiche Produkte der Lebensmittelindustrie und für Parfüm.

Eine weitere Besonderheit sind die sehr kleinen und leichten Samen der Orchideen. Sie haben fast kein Speichergewebe und können ohne ihren Symbiosepartner, einen bestimmten Pilz, nicht auskeimen. Damit hängt die erfolgreiche geschlechtliche Vermehrung von diesem Mykorrhizapilz ab.

Die Kartoffel – eine Giftpflanze?

Kartoffeln zählen zu den Nachtschattengewächsen. Sie sind einjährige, krautige Pflanzen. Alle grünen Pflanzenteile sind giftig. Wenn die Kartoffelknollen im Licht ergrünen, bilden auch sie Giftstoffe. Als die Kartoffel im 16. Jahrhundert nach Europa eingeführt wurde, versuchten die Menschen zuerst, ihre Früchte zu essen.

Zu den Nachtschattengewächsen gehören auch Tomate, Aubergine, Paprika (Nutzpflanzen) und Petunien (Zierpflanze).

1 Blütenpflanzen können geordnet werden

Seite 263

1 Vergleiche die Pflanzen der Abbildung 3 hinsichtlich der Blütenfarbe und der Blattform.

Blütenfarbe:
Wildkohl gelb; Wiesenschaumkraut weiß oder hellrosa bis lila/violett; Knoblauchsrauke weiß; Hirtentäschelkraut weiß oder rötlich.

Blattform:
Wildkohl: Untere längliche Blätter mit Stiel und Einbuchtungen; obere Blätter kleiner, ohne Stiel und kaum eingebuchtet.
Wiesenschaumkraut: Unten sitzen mehrere gefiederte Blätter dem Boden dicht auf und umfassen den Stängel kreisförmig [Rosette]. Nach oben hin werden die Fiederblätter immer schmaler bis fast fadenförmig.
Knoblauchsrauke: Blätter deutlich gestielt und herzförmig. Mit leichten Einkerbungen und Zähnen; obere Blätter meist spitzer zulaufend und spitzer gezähnt.
Hirtentäschelkraut: Am Grund dicht über dem Boden eine Reihe von länglichen, gesägten oder fiederteiligen Blättern rund um den Stängel [Blattrosette]. Obere ungeteilte Blätter kleiner, sehr schmal und pfeilförmig.

2 Ermittle, welche Pflanzenteile bei den unterschiedlichen Kohlsorten jeweils für die Ernährung genutzt werden.

Beim Grünkohl werden die an einzelnen Stielen wachsenden krausen Blätter verwendet. Auch beim Rotkohl und beim Weißkohl isst man die Blätter (vor allem die inneren). Diese sind allerdings zu einem dichten »Kopf« zusammengeschlossen, da der Spross kurz bleibt und die Blätter an der Unterseite stärker wachsen. Der Wirsing stellt mit seinem lockeren Kopf eine Übergangsform zwischen einem Blatt- und einem festen Kopfkohl dar. Bei ihm werden ebenfalls die Blätter gegessen.
Beim Kohlrabi nutzt man den fast kugelförmig verdickten unteren Teil des Stängels, dessen Mark bei jungen Pflanzen besonders zart und saftig ist.
Der Rosenkohl bildet in den Achseln der Blätter Seitenknospen; diese kleinen Köpfchen längs des Stängels werden verzehrt.
Beim Blumenkohl sind die oberen Blätter und die Blütenstiele zu einem vielfach verzweigten, bleichen, fleischigen Gebilde umgeformt. Dieser weiße oder elfenbeinfarbene »Kopf« dient als Gemüse.

Seite 264

1 Zeichne eine Blüte der Taubnessel aus Abbildung 1 A in dein Heft. Zeichne mögliche Spiegelachsen ein.

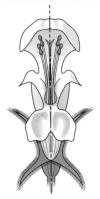

Es gibt nur eine Spiegelachse.

2 Recherchiere, was man im Zusammenhang mit der weißen Taubnessel unter »Nektardiebe« versteht.

Oft findet man am unteren Ende der Blütenröhre von Blüten der Weißen Taubnessel kleine Löcher. Hier hat sich entweder eine Erdhummel oder eine Biene – selten auch ein Käfer oder eine Ameise – Zugang zum Nektar verschafft. Sie haben zu kurze Rüssel, um in der engen Röhre bis an den Blütensaft am Grund der Blüte zu gelangen. Da sie sich den Nektar so ohne »Gegenleistung« holen, also ohne die Blüte zu bestäuben, werden sie als »Nektardiebe« bezeichnet.

Seite 265

1 Vergleiche den Bau der Blüten von Lippen- und Schmetterlingsblütlern.

Die Blüten beider Pflanzenfamilien haben fünf Kronblätter und fünf Kelchblätter, die miteinander verwachsen sind. Bei beiden haben die Blüten nur eine Spiegelachse [zweiseitig symmetrisch beziehungsweise zygomorph].
Während Lippenblütler vier Staubblätter und einen vierteiligen Fruchtknoten haben, besitzen Schmetterlingsblütler zehn Staubblätter und einen einteiligen Fruchtknoten.
Bei den Lippenblütlern sind zwei Kronblätter zur Oberlippe und drei zur Unterlippe verwachsen. Bei den Schmetterlingsblütlern sind die zwei unteren Kronblätter zu dem Schiffchen verwachsen, während ein großes oberes die Fahne und zwei seitlich abstehende die Flügel bilden.

Oder Lösung in Form einer Tabelle:

	Lippenblütler	Schmetterlingsblütler
Kronblätter	5	5
Kelchblätter	5	5
Spiegelachsen	1	1
Staubblätter	4	10
Fruchtknoten	vierteilig	einteilig
Verwachsungen der Kronblätter	zwei zur Oberlippe, drei zur Unterlippe verwachsen	zwei zum Schiffchen verwachsen; Fahne und zwei Flügel nicht verwachsen

Seite 266

1 Beschreibe den Bau der Einzelblüten eines Blütenstandes der Wilden Möhre von der Mitte bis zum Rand der Doppeldolde.

In der Mitte der Doppeldolde steht oft auf einem Stiel eine einzelne, große, dunkelrote Blüte. Die umgebenden weißen Blüten sind radiär aufgebaut und enthalten sowohl Griffel als auch Staubblätter. Je weiter die Blüten zum Rand hin stehen, desto ungleicher sind die Kronblätter geformt. Bei den Blüten am Rand sind die nach außen gerichteten Kronblätter stark vergrößert. Bei ihnen sind keine Staubblätter und nur Griffelstummel ohne Narben ausgebildet.

Seite 267

1 Untersuche die Zungenblüten einer Sonnenblume und stelle eine Vermutung auf, welche Funktion sie erfüllen.

Die sehr langen, leuchtend gelben Zungen sind am Grund zu einer kurzen Röhre geformt. Diese ist von winzigen Kelchblättern umgeben. Die Röhren sitzen auf weißen Fruchtknoten. Staubblätter und Griffel fehlen. Vermutlich dienen die Zungenblüten dazu, die Blütenstände für bestäubende Insekten gut sichtbar und auffällig zu machen. Die andere Färbung der Zungenblüten gegenüber den Röhrenblüten dürfte diese Wirkung noch steigern. Insgesamt wirkt der Blütenstand dadurch wie eine einzige riesige Blüte.

Seite 268

1 Erstelle einen Steckbrief zur Familie der Korbblütengewächse.

Familie: Korbblütengewächse
Beispiel: Löwenzahn (Kuhblume)
Zahl der Arten: weltweit etwa 22000, heimisch rund 400
Verbreitung: weltweit, Hauptentfaltung aber in außertropischen Zonen
Wuchsform: überwiegend Kräuter und Stauden; auch Kletterpflanzen, Sträucher, selten Bäume
Blütenbau: fünfzählige Einzelblüten meist als Röhren- oder Zungenblüten ausgebildet, Griffel mit zweigeteilter Narbe
Früchte: einsamige Nüsse in großer Formenvielfalt
Besonderheiten: Viele Einzelblüten zu korbartigem Blütenstand vereint, der wie eine große »Scheinblüte« wirkt; viele Arten Zier-, Nahrungs- und Heilpflanzen, Sonnenblume bedeutender Öllieferant

2 Recherchiere den Begriff »Hagebutte«.

»Hagebutte« nennt man allgemein die rote Sammelnussfrucht verschiedener Rosenarten, speziell die der Heckenrose. Der Wortteil »Hage« bedeutet Dornstrauch, Gebüsch, Hecke, Gehege, Ein- oder Umfriedung und weist damit auf das Vorkommen der fruchttragenden Pflanze an Grundstücksrändern und in Hecken hin. »Butte« steht für Gefäß, Fass, Flasche und bezeichnet die Form der Frucht. Eine andere Deutung geht dahin, dass »Butte« von »Butzen« abgeleitet ist und das Kerngehäuse – meist eines Apfels – bezeichnet, also eher den Inhalt der Frucht.
In manchen Regionen versteht man unter Hagebutte die Hecken- oder Hundsrose als Pflanze/Pflanzenart.
Das bekannte Volkslied »Ein Männlein steht im Walde …« bezieht sich ausdrücklich auf die Hagebutte.

Seite 269

3 Erläutere die Funktion von Blattnerven.

Die »Blattnerven«, auch »Blattadern« genannt, dienen der Leitung von Stoffen in den Blättern. Einerseits werden die Blätter durch diese Leit- oder Gefäßbündel mit Wasser und Mineralstoffen versorgt. Andererseits werden durch sie Zucker und Abfallstoffe aus dem Blatt heraus transportiert. Zusätzlich verstärken und versteifen die Blattnerven die Blätter.

4 Begründe, warum in den Blütendiagrammen der Lilien- und Orchideengewächse keine grüne Farbe vorkommt.

Die grüne Farbe kennzeichnet die Kelchblätter der Blüten. Sowohl bei den Lilien- als auch bei den Orchideengewächsen ist die Blütenkrone nicht in grüne Kelchblätter und farbige Kronblätter unterteilt. Vielmehr sind die Kelchblätter genauso gestaltet wie die Kronblätter. In den Blütendiagrammen werden daher die Kelchblätter wie die Kronblätter rot dargestellt.

Seite 270

1 Ermittle mit Hilfe des Bestimmungsschlüssels, zu welchen Familien die beiden abgebildeten Pflanzen jeweils gehören. Begründe deine Entscheidung.
Besenginster:
Da die Blüten nicht kreisförmig sind und keine Ober- und Unterlippe haben, die Kelch- und Kronblätter aber unterschiedlich sind, muss es sich um einen Schmetterlingsblütler handeln.
Kriechendes Fingerkraut:
Da die Blüte kreisförmig ist, die Kelchblätter sich von den Kronblättern unterscheiden, mehr als vier Kelch- und Kronblätter und mehr als fünf Staubblätter vorhanden sind, muss es sich hierbei um einen Vertreter der Rosengewächse handeln.

Seite 271

1 Fertige ein Herbar an, das Pflanzen aus mindestens drei verschiedenen Pflanzenfamilien enthält.
[Die Schüler sollen zu drei Pflanzenfamilien mindestens je einen Herbarbogen gemäß den Anweisungen auf Seite 267 erstellen. Wie viele Vertreter pro Pflanzenfamilie herbarisiert werden, wird dem Schüler überlassen beziehungsweise vom Lehrer vorgegeben. Die Anforderungen, die an diese Arbeiten gestellt werden, dürfen sich nicht an denen bemessen, die für Belegexemplare von wissenschaftlich arbeitenden Instituten gelten. Entsprechend der Altersstufe werden die Bögen zum Teil noch recht unzureichend erstellt werden. Hier sollte der Lehrer die Gelegenheit nutzen, konstruktive und ermutigende Hinweise zur Verbesserung der Arbeiten zu geben. Dies schließt selbstverständlich nicht aus, die Schülerarbeiten zur Beurteilung und Bewertung heranzuziehen.]

2 Manche Pflanzen werden vom Menschen genutzt

Seite 273

1 Im Gegensatz zum Waldrand und zu größeren Lichtungen kann man im Inneren eines Waldes keine Stufung von Kräutern über Sträucher hin zu Bäumen erkennen. Formuliere eine Vermutung zu den Ursachen dieses Sachverhalts.
Am Waldrand und an Lichtungen steht ausreichend Licht für alle Pflanzen zur Verfügung. Im Inneren des Waldes beschatten die großen Bäume die kleineren Pflanzen, sodass ihnen Licht für die Entwicklung fehlt.

2 Informiere dich in einem Atlas über den Verlauf der Jahreszeiten in den Tropen. Begründe, ob in Tropenhölzern Jahresringe nachweisbar sind.
Jahresringe entstehen aufgrund des Jahreszeitlichen Wechsels. Der Übergang von Winter zu Frühjahr lässt sich dabei deutlich als Beginn eines neuen Jahres in Form eines neuen Jahresringes erkennen. In den Tropen führt das Fehlen eines Übergangs von einer Ruhezeit (Winter) zu einer Zeit größerer Stofftransports (Frühjahr) zu einem Fehlen von Jahresringen.
Während sich normalerweise das Alter eines Baumes leicht durch das Zählen von Jahresringen bestimmen lässt, ist dies bei Tropenhölzern so nicht möglich.

Seite 275

1 Erstelle eine Stichwortliste zur Vorbereitung einer Exkursion an einen Bach.
Die Planung sollte folgende Aspekte umfassen:
Festlegung des Ortes: Welcher Bach, welche Bachabschnitte? Wo ist der Bach gut zugänglich?
Festlegung des Ablaufs: Was soll untersucht werden? Wer soll untersuchen? Dazu wird ein Untersuchungsauftrag festgelegt und Zeitablauf und Messmethode werden bestimmt; dann erfolgt die Bildung der Gruppen.
Festlegung der Ausrüstung: Welche Materialien werden benötigt? Benötigt werden hierzu Bestimmungsbücher für Tiere und Pflanzern des Bachs, Kescher mit langem Griffstiel, Beobachtungsgläser, Lupen, Pinsel, Schalen und Gummistiefel.
Auswertung: Wie wird dokumentiert?
Benötigt werden dazu Schreibmaterial und eventuell ein Fotoapparat.

Seite 277

1 Erkläre, dass die meisten Laubbäume im Herbst ihre Blätter abwerfen, während die meisten Nadelbäume immergrün sind.
Die Wurzeln von Sträuchern und Bäumen können bei längeren Kälteperioden kein Wasser aufnehmen, da das Wasser im Boden gefroren ist.
Weil bei Laubbäumen und -sträuchern das meiste Wasser über die Blätter abgegeben wird, können diese durch das Abwerfen der Blätter ihren Wasserbedarf beträchtlich verringern.
Nadelbäume besitzen kleine, schmale Blätter mit dickwandigen Zellen. Diese geben durch ihre kleine Oberfläche nur wenig Wasser ab und sind außerdem durch ein Frostschutzmittel in den Zellen gut vor dem Erfrieren geschützt.

2 Formuliere eine begründete Hypothese, weshalb bei einer freistehenden Fichte die Äste bis zum Boden reichen, während bei Fichten im Waldesinneren meist nur die Baumwipfel grün sind.

Ein maßgeblicher Unterschied in den Standortverhältnissen von »freistehend« bzw. »im Waldesinnern« betrifft den Lichteinfall. Es ist zu vermuten, dass Äste, die zu wenig Licht erhalten, absterben. Andere Umweltfaktoren können als Verursacher dieses Unterschiedes ausgeschlossen werden.

3 Noch vor etwa 50 Jahren bevorzugte man im Waldbau bestimmte Nadelbaumarten wie die Fichte wegen ihres hohen Holzertrages. Seitdem aber ist der Fichtenanteil deutlich gesunken, der Anteil an Laubbäumen jedoch gestiegen. Angestrebt wird ein Verhältnis der Nadelbäume zu den Laubbäumen von 1 : 1. Befragt einen Förster und recherchiert die maßgeblichen Gründe.

Unter den vielen Medien, die sich mit dieser Fragestellung beschäftigen, ist als waldpädagogisches Standardwerk zu nennen:
Forstliche Bildungsarbeit – Waldpädagogischer Leitfaden, Hrsg.: Bayerisches Staatsministerium für Ernährung, Landwirtschaft und Forsten, 7. Aufl. 2010, Informationen: http://www.forst.bayern.de/publikationen/

Seite 278

1 Erläutere, wie Sonnen- und Schattenblätter an unterschiedliche Lichtverhältnisse angepasst sind. Nutze das biologischen Prinzip Angepasstheit.

Rotbuchen bilden Sonnenblätter in den stark belichteten Teilen ihrer Kronen. Sonnenblätter haben eine geringere Oberfläche, sind aber vergleichsweise dick. Dies liegt vor allem an ihrem dicken Palisadengewebe, das in zwei Zelllagen übereinander angeordnet ist. Die Zellen des Palisadengewebes sind reich an Chloroplasten. Auf diese Weise können die Sonnenblätter die hohen Mengen der Sonnenstrahlung, die auf sie auftreffen, gut aufnehmen und zur Fotosynthese nutzen. Auf diese Weise sind die Sonnenblätter an die hohen Strahlungsstärken in den äußeren Kronenbereichen angepasst.

In den inneren und unteren Bereichen der Krone, wohin nur wenig Licht dringt, haben die Blätter eine größere Oberfläche, mit der sie das noch durch die Krone fallende Licht so weit wie möglich aufnehmen können. Bei den dort herrschenden geringen Lichtstärken reichen allerdings dünne Blätter aus, um die auf sie einfallende Sonnenstrahlung nahezu vollständig aufzufangen. Diese dünnen, großflächigen Schattenblätter der Rotbuche stellen somit eine Angepasstheit an geringe Lichtstärken dar.

2 Begründe, warum Eichenwälder in früheren Jahrhunderten für den Menschen eine größere Bedeutung hatten als andere Wälder.

Als Bauholz ist Eichenholz besonders stabil und haltbar. Häuser und Ställe wurden daher vor allem dort, wo Steine als Baumaterial nicht zur Verfügung standen oder zu teuer waren, überwiegend aus Eichenholz gebaut. Die Eicheln sind größere Früchte als Bucheckern. Daher sind sie leichter zu sammeln und stellen für das in den Wald getriebene Vieh eine reichhaltigere Nahrungsquelle dar. Im Vergleich mit anderen einheimischen Baumarten ist die Borke der Eichen reich an Gerbstoffen und wurde deshalb zum Gerben von Leder genutzt. Da Eichenwälder lichter sind als Buchen- und Nadelwälder, beherbergen sie eine dichtere und artenreichere Strauch- und Krautschicht. Manche der dort wachsenden Pflanzen produzieren essbare Früchte oder können als Heilpflanzen genutzt werden. Wegen dieser großen Zahl von Nutzungsmöglichkeiten waren Eichenwälder für die Menschen früher besonders wichtig; ihre Verbreitung wurde daher von den Menschen vielerorts gezielt gefördert. Eichen dienten den Menschen in früheren Zeiten auch als Stätten der Rechtsprechung und als Kultstätten bei der Ausübung ihrer religiösen Gebräuche.

3 Stelle eine Hypothese auf, inwiefern die unscheinbare Blütenhülle bei Rotbuche und Stieleiche eine Angepasstheit an die Bestäubungsart darstellt.

Die weiblichen Blüten der Rotbuchen und Stieleichen werden durch den Wind bestäubt: Der Wind bläst die Pollenkörner aus den Staubblättern und verfrachtet sie auf die Narben der Stempel, wo sie zum Pollenschlauch auskeimen. Dieser Transport der Pollenkörner kann besser ablaufen, wenn dem Wind nur geringe Widerstände auf dem Weg zu Staubblättern und Narben entgegengesetzt werden. Die Hüllen der männlichen und weiblichen Eichenblüten sind nur sehr klein und umhüllen Staubblätter und Stempel nicht. Somit setzen sie dem Wind kaum Widerstand entgegen. Man kann daher die Hypothese aufstellen, dass die unscheinbare Blütenhülle bei Rotbuche und Stieleiche eine Angepasstheit an die Bestäubungsart darstellt.

Seite 279

4 Informiere dich über die Merkmale der Weißtanne und vergleiche sie mit einer Gemeinen Fichte.

Merkmal	Weißtanne (Abies alba)	Gemeine Fichte (Picea abies)
Höhe	bis 50 m	bis 50 m
Lebensalter	200 bis 300 Jahre	über 300 Jahre
Vorkommen	frische bis feuchte Wälder der Mittelgebirge und Gebirge	frische bis feuchte Gebirgswälder, in tieferen Lagen oft als Forst gepflanzt
Borke	grau bis dunkelgrau	rötlich-braun
Nadeln	bis zu 2 cm lang; kammförmig gescheitelt am Zweig sitzend mit scheibenförmig verbreitertem Grund, der zusammen mit der Nadel abfällt und am Zweig eine rundliche, leicht vertiefte Narbe hinterlässt; an der Unterseite mit zwei weißen parallelen Bändern	1–2 cm lang; stachelig spitz und steif, im Querschnitt vierkantig; um den Zweig herum angeordnet; sitzen auf Nadelkissen, die nach dem Abfallen der Nadeln als warzenartige Erhöhung zurückbleiben; mit feinen weißen, punktierten Linien
Blüten	♂ Blütenstände klein, unscheinbar; ♀ Blütenstände entwickeln sich zu walzenförmigen Zapfen, die am Zweig aufrecht stehen	♂ Blütenstände klein, unscheinbar; ♀ Blütenstände entwickeln sich zu Zapfen, die vom Zweig herabhängen
Blütezeit	Mai bis Juni	Mai
Bestäubung	windbestäubt*)	windbestäubt
Samen	Samenanlagen in Zapfen angeordnet; Samen geflügelt	Samenanlagen in Zapfen angeordnet; Samen geflügelt

*) Der Tannenhonig stammt aus Ausscheidungen von an den Nadeln saugenden Pflanzenläusen

5 Erläutere, warum ein flaches Wurzelsystem eine Angepasstheit an feuchte Standorte darstellt. Berücksichtige dabei die Stoffwechselprozesse im Wurzelgewebe.

Feuchte Standorte sind durch Grund- oder Stauwasser schon in geringen Bodentiefen recht nass: Nahezu sämtliche Bodenporen sind mit Wasser gefüllt. In den Bodenporen ist daher kaum Bodenluft enthalten, der Boden ist dort also arm an Sauerstoff. Ohne Sauerstoff können Wurzeln aber keine Atmung betreiben, die für die Aufrechterhaltung des Stoffwechsels und zum Wachstum nötig ist. In nassen Bodenbereichen können die Wurzeln der meisten Landpflanzen deshalb über längere Zeiträume weder wachsen noch überleben. Daher stellt ein flaches Wurzelsystem, das nicht bis in die nassen, sauerstoffarmen Bodenbereiche hinabreicht, eine Angepasstheit an feuchte Standorte dar.

6 In Kiefernwäldern dringt viel mehr Licht an den Waldboden als in Fichtenwäldern. Begründe dies anhand der Kronenform und der Anordnung der Nadeln an den Zweigen.

Waldkiefern haben eine lockere Kronenform mit recht großen Abständen zwischen den Ästen. Ihre Nadeln sind in Kurztrieben angeordnet, die ebenfalls einen relativ großen Abstand voneinander aufweisen. Fichten dagegen besitzen eine dichte Krone mit zahlreichen übereinander angeordneten Ästen, deren Zweige dicht mit Nadeln besetzt sind. Durch diese dichten Kronen der Fichten kann viel weniger Licht auf den Waldboden dringen als in Kiefernwäldern. Kiefernwälder haben daher oft eine dichtere Krautschicht als Fichtenwälder.

7 Erläutere, warum Pfahlwurzeln eine Angepasstheit an trockene Standorte darstellen.

An trockenen Standorten ist Wasser in der Regel nur in größeren Bodentiefen verfügbar. Die senkrechten, tief reichenden Pfahlwurzeln der Waldkiefer können weit in den Boden bis in Tiefen vordringen, in denen noch Wasser vorhanden ist. Pfahlwurzeln können daher als Angepasstheit an trockene Standorte betrachtet werden.

Seite 281

1 Stelle dar, welche Pflanzenteile beim Schnittlauch bzw. beim Kohlrabi genutzt werden.

Beim Schnittlauch werden die Blätter als Würzmittel genutzt. Bei Kohlrabi wird die verdickte Sprossachse als Gemüse genutzt.

2 Erstelle eine Tabelle von Pflanzen, die in einem Ziergarten, Nutzgarten oder auf Feldern wachsen.

Ziergarten	Nutzgarten	Feld
Anemonen	Karotten	Getreide
Primeln	Kartoffel	Kartoffel
Lilien	Kohl	Sonnenblumen
Astern	Gurken	Raps
Margariten	Zucchini	Mais
Rittersporn	Rettiche	
Mohn	Zwiebeln	
	Erdbeeren	

3 Vergleiche die Schutzmaßnahmen für Garten- und Feldpflanzen und erläutere.

Dadurch dass im Garten und im Feld viele gleichartige Pflanzen wachsen, können sich im Garten und im Feld leicht Krankheiten ausbreiten. Als Folge der größeren Anzahl von Pflanzen im Feld geschieht dies aber beim Feld viel schneller. Dies macht bei einem Feld einen höheren Aufwand beim Pflanzenschutz notwendig im Vergleich zum Garten. Zusätzlich verursacht eine sich in einem Feld ausbreitende Pflanzenkrankheit meist auch einen erheblichen wirtschaftlichen Schaden. Dieser ist bei einem Garten meist weniger bedeutsam.

Seite 283

1 Stelle in einer Tabelle die wesentlichen Unterschiede zwischen Getreidepflanzen und Wildgräsern zusammen.

Getreide	Wildgras
große Körner	kleine Körner
hoher Wuchs	niedriger Wuchs
stabiler Fruchtstand	Fruchtstand zerfällt bei der Reife
Spelzen reduziert	Spelzen umschließen die Körner fest
anfällig gegen Krankheiten	kaum anfällig
hohe Ansprüche an die Bodenbeschaffenheit	anspruchslos

2 Erläutere das Vorgehen bei der Züchtung von Kulturpflanzen am Beispiel des Weizens.

Aus einer Sammlung von Wildgräsern werden die Pflanzen mit den größten Früchten ausgewählt. Diese werden kultiviert und für die weitere Zucht verwendet. Dieses Vorgehen wird viele Male wiederholt, bis man nach vielen Generationen die gewünschten Veränderungen erhält. Gegebenenfalls werden noch weitere erwünschte Merkmale ausgewählt. Am Ende dieses Vorgehens erhält man eine Kulturpflanze, die im Gegensatz zu Wildgräsern deutlich größere, spelzenlose Körner und stabile Ähren bildet sowie durch den kurzen Halm sehr standfest ist.

Seite 284

1 Recherchiere im Internet, welche Getreidepflanzen in Deutschland am häufigsten angebaut werden. Schreibe einen kurzen Bericht.

Am häufigsten werden Weizen und Gerste, weniger häufig Roggen und Hafer angebaut. (Jahresstatistik 2003)

2 Erstelle ein Herbar mit unterschiedlichen Getreidearten

Hier sind unterschiedliche Gestaltungsmöglichkeiten vorstellbar.

Seite 285

1 Um 1840 wurde in Europa die Kartoffelkrautfäule eingeschleppt. Etwa zur gleichen Zeit kam es in Irland zu einer Auswanderungswelle nach Amerika. Erläutere mögliche Zusammenhänge.

Die nach Europa eingeschleppte Kartoffelkrautfäule vernichtete um 1840 fast die gesamte Kartoffelernte in Irland. Weil aber die Bevölkerung Irlands sich damals fast ausschließlich von der Nutzpflanze Kartoffel ernährte, waren die Auswirkungen dieser Pflanzenkrankheit verheerend. Es kam zur Großen Hungersnot in Irland, die eine Auswanderungswelle nach Amerika auslöste.

3 Pflanzen im Wechsel der Jahreszeiten

Seite 287

1 Beschreibe den Aufbau einer Zwiebel und begründe, weshalb sie eine Angepasstheit an den Jahresverlauf darstellt.

Bei einer Zwiebel sitzen fleischig verdickte Blätter an einer stark verkürzten Sprossachse. Dadurch liegen die Blätter in Schichten dicht aneinander. Sie umschließen die Wachstumszone des Sprosses sowie die jungen, kleinen Blätter im Innern der Zwiebel. Die äußersten Blätter sind eingetrocknet und umgeben die Zwiebel als schützende Hüllen. Unten am Zwiebelboden sitzt ein Wurzelteller, von dem zahlreiche kleine Würzelchen ausgehen. In den verdickten Blättern der Zwiebel können große Mengen an Nährstoffen gespeichert werden.

Nur vor dem Laubaustrieb der Bäume gelangt genügend Licht auf den Waldboden. Daher steht den Pflanzen am Waldboden nur ein sehr kurzer Zeitraum im Frühjahr für ihr Wachstum und ihre Vermehrung zur Verfügung. Für das hierzu notwendige sehr schnelle Wachstum müssen Nährstoffe in großer Menge bereitstehen. Diese werden unterirdischen Speicherorganen entnommen. In der Zeit nach dem Austrieb werden von den grünen Blättern neue Nährstoffe hergestellt und diese den Speicherorganen zugeführt. Die gefüllten Speicherorgane überwintern und stehen im nächsten Frühjahr für das anfängliche Wachstum wieder zur Verfügung.

2 Stelle eine Vermutung an, weshalb Speicherorgane wie beispielsweise Zwiebeln oft Inhaltsstoffe besitzen, die Schleimhäute stark reizen.

Speicherorgane enthalten viele Nährstoffe wie zum Beispiel Stärke. Sie sind daher interessant für Pflanzen fressende Tiere. Durch die stark reizenden Inhaltsstoffe werden die Tiere abgehalten, die Zwiebeln zu fressen. [Fraßschutz]

Seite 289

1 Erläutere, weshalb die meisten Wiesen keine natürlichen Lebensräume sind.

Wird eine Wiese sich selbst überlassen, kommen nach einiger Zeit Sträucher und Bäume auf, die Wiese wird allmählich zum Wald. Beweidung und vor allem das

Mähen der Wiese verhindern das Aufwachsen von Sträuchern und Bäumen. Daher müssen die meisten Wiesen für ihren Erhalt ständig durch den Menschen bewirtschaftet werden.

Seite 291

1 **Vergleiche die unterschiedlichen Angepasstheiten von Laubbäumen und Nadelbäumen an den Winter.**
Die Wurzeln von Sträuchern und Bäumen können bei längeren Kälteperioden kein Wasser aufnehmen, da das Wasser im Boden gefroren ist.
Weil bei Laubbäumen und -sträuchern das meiste Wasser über die Blätter abgegeben wird, können diese durch das Abwerfen der Blätter ihren Wasserbedarf beträchtlich verringern.
Nadelbäume besitzen kleine, schmale Blätter mit dickwandigen Zellen. Diese geben durch ihre kleine Oberfläche nur wenig Wasser ab und sind außerdem durch Frostschutzmittel in den Zellen gut vor dem Erfrieren geschützt.

2 **Stelle begründete Vermutungen an, ob es bei tropischen Bäumen auch einen Laubfall gibt.**
In den Tropen fallen die Temperaturen niemals unter den Gefrierpunkt. Daher ist ein allgemeiner Blattfall nicht nötig.
[Zusätzlich ist als Antwort denkbar: Auch Tropenbäume werfen einzelne Blätter ab. Es handelt sich dann aber meist um alte und kranke Blätter. Der Blattfall dient hier zur Erneuerung des Laubs.]

4 Gefährdung und Schutz von Pflanzen

Seite 292

1 **Erkundige dich, welche Pflanzen in der Umgebung deines Wohnortes besonders schutzwürdig sind.**
Mögliche Ansprechpartner für solche Anfragen sind: Forstdienststellen, örtliche Gruppen von BUND und NABU, untere Naturschutzbehörden.

Seite 293

1 **Erläutere die Gefährdung der Küchenschelle. Überlege geeignete Schutzmaßnahmen für diese Pflanzenart.**
Die Gefährdung besteht vor allem im Aufwachsen von Schatten werfenden Bäumen und Büschen, weil eine entsprechende Bewirtschaftung fehlt, aber auch in zusätzlicher Düngung der mineralstoffarmen Böden.

Als Maßnahmen kommen daher das Niederhalten von Bäumen und der Verzicht auf Düngung in Frage.

2 **Begründe, weshalb durch das Aufforsten von Waldlichtungen mehrere Pflanzenarten gefährdet sind.**
Lebensraum des Frauenschuhs und zahlreicher anderer Pflanzenarten wie der Vogel-Nestwurz sind helle, lichte Buchenwälder mit kalkhaltigen Böden. Diese Pflanzen sind wegen ihres hohen Lichtbedarfs auf solche hellen Wälder und Waldlichtungen angewiesen. Wird der Wald mit sehr dicht gepflanzten Fichten und Kiefern aufgeforstet, so nimmt die Beschattung zu und Pflanzen mit hohem Lichtbedarf kümmern oder verschwinden.

Wissen vernetzt – Vielfalt der Blütenpflanzen

Seite 296

A1 **Waldbeere**
Erläutere den Aufbau der Erdbeerfrucht.
Blütenpflanzen haben als gemeinsame Merkmale die Blütenbildung und die Bildung von Samen und eventuell sogar Früchten zu ihrer Verbreitung. Die abgebildete Walderdbeere hat weiße Blüten und gehört zu den Rosengewächsen. Außerdem bildet sie Früchte aus. Dabei handelt es sich um kleine grüne Nüsschen, die von einem fleischigen Blütenboden umgeben sind. Die gesamte Erdbeere ist also eine Sammelfrucht, genauer eine Sammelnussfrucht.

A2 **Pflanzenfamilien**
a) Ordne diese Pflanzen einer Pflanzenfamilie zu und begründe deine Entscheidung.
b) Nenne eindeutige Erkennungsmerkmale der zugehörigen Familien.
A Kreuzblütengewächs: die Blüte zeigt vier kreuzförmig angeordnete Kronblätter; ebenfalls erkennbar sind die sechs Staubblätter.
B Schmetterlingsblütengewächs: die Blüte besteht aus Fahne, Flügeln und Schiffchen.
C Lippenblütengewächs: die Blüte ist deutlich in Ober- und Unterlippe gegliedert.

A3 Blüten und Blütendiagramme

a) Ordne das Blütendiagramm einer der Pflanzen zu und begründe deine Entscheidung.

Der Blütenumriss stammt von einer Tulpe.

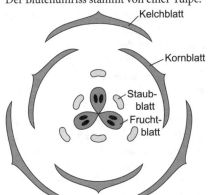

b) Erläutere, ob es sich um eine zwittrige Blüte handelt. Ordne entsprechende Blütenteile als männlich oder weiblich zu.

Die Tulpe hat Zwitterblüten, da sie sowohl männliche als auch weibliche Blütenteile in einer Blüte ausbildet.

c) Sammle weitere Blüten im Garten, auf einer Wiese oder im Wald. Untersuche den Aufbau und zeichne Blütendiagramme. Vergleiche die Blüten miteinander. Nenne Gemeinsamkeiten und Unterschiede.

Die Lösung hängt von den gesammelten Blüten ab.

Seite 297

A4 Blütenbestäubung

a) Begründe, welche der drei Blüten wahrscheinlich durch den Wid bestäubt wird.

Der Hafer wird wie andere Gräser auch vom Wind bestäubt. Er benötigt deshalb keine auffälligen Blüten, um Insekten anzulocken.

b) Ordne dem Wollschweber und der Schwebfliege diejenigen Blüten zu, die sie bestäuben können. Erläutere deine Zuordnung.

Die Blüten des Jelängerjelieber werden vom Wollschweber bestäubt. Sie sind lang gestreckt und im unteren Bereich bilden die Kronblätter eine enge Röhre. Der Rüssel des Wollschwebers ist lang genug, um Nektar vom Boden der Jelängerjelieberblüten aufzusaugen und deren Narben dabei zu bestäuben. Die Zungenblüten des Korbblütlers Löwenzahn werden von der Schwebfliege bestäubt, wenn diese mit ihren kurzen Mundwerkzeugen den Nektar der Löwenzahnblüten lecken.

c) Der kleine Käfer verfügt nur über einen sehr kurzen Rüssel, aber über kräftige Kiefer. Er besucht allerdings gerne die Jelängerjelieber-Blüte. Ziehe sinnvolle Schlussfolgerungen.

Mit Hilfe seiner kräftigen Kiefer beißt der Käfer Löcher in den unteren Teil der Blütenröhre, um an den Nektar zu gelangen, der aufgrund seines kurzen Rüssels sonst unerreichbar für ihn wäre.

d) Erläutere die Bedeutung des Käferverhaltens für die Pflanze.

Die Blüte wird ihres Nektars beraubt, ohne dabei bestäubt zu werden, weshalb der Käfer als »Nektardieb" bezeichnet wird. Je mehr Blüten der Pflanze aufgrund des Nektarraubs nicht bestäubt werden, desto weniger Samen kann sie bilden, sodass dieses Käferverhalten einen Nachteil für die Pflanze darstellt.

e) In manchen Ländern werden Bienenvölker zur Zeit der Obstblüte in die Pflanzungen gebracht. Erläutere, warum die Besitzer der Obstbaum-Pflanzungen den Imkern hohe Preise für den Einsatz der Bienen zahlen.

Die Blüten der Obstbäume müssen durch Insekten bestäubt werden, damit sich Früchte aus ihnen entwickeln. Die Ernte fällt also umso höher aus, je mehr Blüten bestäubt wurden. Da die Bestäubung von Obstbaumblüten hauptsächlich durch Bienen erfolgt, zahlen die Obstbauern den Imkern für den Einsatz ihrer Bienen Geld.

A5 Samen der Taubnessel

Die Samen der Taubnessel haben Anhängsel, die eine wichtige Aufgabe erfüllen. Erläutere.

Diese Anhängsel sind Anlock- und Belohnungsmittel für Ameisen, die die Samen verbreiten.

A6 Zierpflanzen

a) Ordne den Abbildungen A bis D die richtigen Pflanzennamen zu. Begründe deine Entscheidung, indem du typische Merkmale der jeweiligen Pflanzen nennst.

A Lupine, in Trauben angeordnete (Schmetterlings)blüten verschiedener Farbe, fingerförmig gegliederte Blätter; B Sommeraster, körbchenförmige Blütenstände; C Gartenmohn, »mohnrote« Kronblätter; D Hortensie, schirmförmige Blütenstände

b) Erstelle eine Liste weiterer Zierpflanzen. Unterscheide dabei zwischen krautigen Pflanzen, Sträuchern und Bäumen. Informiere dich, zu welcher Pflanzenfamilie die einzelnen Arten gehören und notiere diese ebenfalls.

krautige Pflanzen	Sträucher	Bäume
Sonnenblume (Korbblütler)	Weigelie (Geißblattgewächse)	Zierkirsche (Rosengewächse)
Nelken (Nelkengewächse)	Rosen (Rosengewächse)	Trompetenbaum (Bignoniengewächse)
Pfingsrosen (Pfingsrosengewächse)	Forsythie (Ölbaumgewächse)	Rosskastanie (Seifenbaumgewächse)
Rittersporn (Hahnenfußgewächse)	Kirschlorbeer (Rosengewächse)	Magnolie (Magnoliengewächse)
Vergissmeinnicht (Raublattgewächse)	Rhododendron (Heidekrautgewächse)	Essigbaum (Sumachgewächse)

c) Nenne Gründe, warum Menschen viel Zeit und Arbeit aufwenden, um einen Ziergarten anzulegen und zu pflegen, obwohl sie nichts ernten können.

Frisches Obst und Gemüse sind heute zu jeder Jahreszeit frisch und bezahlbar im Supermarkt erhältlich, sodass fast niemand mehr auf den Anbau von Gartenfrüchten zur eigenen Versorgung angewiesen ist. Stattdessen können es sich die Menschen leisten, Zeit, Land und Geld für die Anlage eines Ziergartens aufzuwenden. Viele können bei der Arbeit und Bewegung an der frischen Luft entspannen, da die Gartenarbeit einen Kontrast zu den vielfach im Sitzen in Büros, Fabriken etc. ausgeführten Tätigkeiten von heute darstellt. Die Menschen haben Freude daran, ein Stück »Natur« nach ihren Vorstellungen zu gestalten und letztendlich kann ein üppig blühender, gut gepflegter Ziergarten auch als Statussymbol angesehen werden.

d) Zierpflanzen haben gewisse Gemeinsamkeiten mit Heimtieren. Diskutiert diese Behauptung in der Klasse.

Sowohl viele Zimmerpflanzen als auch viele Heimtiere sind Produkte einer Zuchtwahl, bei der weniger wirschaftliche bzw. praktische Aspekte im Vordergrund standen, sondern eher auf der Gefühlsebene entschieden wurde. Unter natürlichen Bedingungen haben Zierpflanzen und Heimtiere in der Regel deutliche Nachteile gegenüber den Wildformen, sodass sie in freier Natur zum Teil nicht über einen längeren Zeitraum hinweg überlebensfähig sind. Als weitere Gemeinsamkeiten können angeführt werden, dass viele Motive, die für die Haltung eines Heimtieres angeführt wurden, wie das Gefühl, für ein Lebewesen da zu sein, die Freude am Umgang mit ihm, durchaus auch für die Haltung und Pflege von Zierpflanzen gelten können. Neben diesen und anderen Gemeinsamkeiten lassen sich auch zahlreiche Unterschiede finden. So ist die Bindung der Menschen an ihre Haustiere in der Regel deutlich stärker als die an ihre Zierpflanzen, die Abhängigkeit der Tiere von den Menschen meist größer als die der Pflanzen.